SMART
LO FUNDAMENTAL Y LO MÁS EFECTIVO ACERCA DEL CAMBIO

DAVID FIRTH

Traducción

CECILIA ÁVILA DE BARÓN
Especialista en traducción
Universidad de los Andes

Revisión técnica

JULIO MARIO RODRÍGUEZ DEVIS
Profesor asociado (D. E.)
Universidad Nacional de Colombia
Director ejecutivo de la
Asociación Colombiana de Gestión Tecnológica

Santa Fe de Bogotá • Buenos Aires • Caracas • Guatemala • Lisboa • Madrid • México
New York • Panamá • San Juan • Santiago de Chile • Sao Paulo
Auckland • Hamburgo • Londres • Milán • Montreal • Nueva Delhi • París
San Francisco • San Luis • Singapur • Sidney • Tokio • Toronto

LO FUNDAMENTAL Y LO MÁS EFECTIVO ACERCA DEL CAMBIO

DERECHOS RESERVADOS. Copyright © 2000, por
McGRAW-HILL INTERAMERICANA, S.A.
Avenida de las Américas 46-41. Santafé de Bogotá, Colombia.

Traducido de la primera edición en inglés de
SMART THINGS TO KNOW ABOUT CHANGE
Copyright © MCMXCIX, por David Firth
ISBN: 1-84112-035-9

Editor: Rodrigo Pertuz Molina
Jefe de Producción: Consuelo E. Ruiz M.

1234567890   2134567890

ISBN: 958-41-0146-3
(ISBN: 958-41-0145-5. Obra completa)

Impreso en Colombia   Printed in Colombia

Se imprimieron 8.800 ejemplares en el mes de julio de 2000
Impreso por Panamericana Formas e Impresos S.A.

Para Margie _____

Contenido

¿Qué es Smart?

La serie *Smart* **es una nueva forma de aprendizaje, ya que mejorará su entendimiento y desempeño en algunas de las áreas críticas que usted enfrenta en la actualidad como** *clientes, estrategia, cambio, comercio electrónico, marcas, destrezas influyentes, gerencia del conocimiento, finanzas, trabajo en equipo, sociedades.*

Los libros *Smart* resumen el conocimiento acumulado, a la vez que suministran ideas y herramientas originales de avanzada y que le llevarán de la teoría a la práctica.

El mundialmente respetado gurú de los negocios Chris Argyris señala que incluso los individuos más inteligentes pueden volverse ineficaces dentro de las organizaciones. ¿Por qué? Porque estamos tan ocupados trabajando que no aprendemos sobre nosotros mismos ni nos detenemos a reflexionar en los cambios que suceden a nuestro alrededor. Hemos absorbido los patrones de comportamiento que nos han dado el éxito en el pasado, sin comprender que quizá ya no sean apropiados para el futuro que se aproxima con rapidez.

Existen tres formas en que la serie *Smart* ayuda a evitar que esto le suceda a usted:

- aumenta su autoconciencia

- desarrolla el entendimiento, la actitud y el comportamiento que usted tiene

- le da las herramientas para desafiar el *statu quo* que existe en su organización

Las personas inteligentes necesitan de organizaciones inteligentes. Usted puede pasar un tercio de su carrera profesional yendo de un lado a otro en busca del Santo Grial, o desde hoy puede comenzar a crear su propia organización inteligente.

Finalmente, debe recordar que los libros no cambian el mundo, son las personas quienes lo hacen; y aunque la serie *Smart* le ofrece la más brillante sabiduría que imparten los mejores conocedores y pensadores, estos libros ponen en sus hombros la responsabilidad de *aplicar* en su trabajo lo que está aprendiendo.

Porque la persona verdaderamente inteligente sabe que leer un libro es el comienzo del proceso y no el final...

Como afirma Eric Hoffer, "En épocas de cambio, los aprendices heredan el mundo mientras quienes ya aprendieron siguen bellamente equipados para manejar un mundo que ya no existe".

David Firth
Smartmaster

Prefacio
Cambio: todo ha sido
un gran malentendido

"Dios, concédeme la serenidad para aceptar lo que no puedo cambiar, el coraje para cambiar lo que puedo cambiar y la sabiduría para reconocer la diferencia".

La plegaria de la "serenidad", Reinhold Niebuhr

"Todo está en transición. Nada es permanente excepto esto. El cambio es una fuerza que usted tiene que seguir en lugar de resistirse a ella. Como un veloz y furioso monstruo de proporciones épicas, se lanza impetuoso hacia la profundidad de lo desconocido llevándolo a usted en sus espaldas. Usted no puede bajarse porque va demasiado rápido. Él no puede detenerse porque el movimiento constante es lo único que conoce. Dedíquese a montar y, con la convicción de que todo funciona en conjunto para bien, diga: 'Todo cambio es bueno, todo cambio es bueno, todo cambio es bueno, todo cambio es bueno, todo cambio es bueno, todo cambio es bueno, todo cambio es bueno, todo cambio es bueno, todo cambio es bueno, todo cambio es bueno, todo cambio es bueno'".

Handbook for the Urban Warrior, Barefoot Doctor

"¿No sería mejor si sólo me regresara a casa a dormir?".

Ebenezer Scrooge, *A Christmas Carol*

Lo bueno acerca del cambio está en que es uno de los pocos temas relacionados con el trabajo sobre el cual usted puede hablar de una manera afortunada y productiva con su familia y amigos. Nadie le va a agradecer en la taberna o el bar, a donde suele ir en ocasiones, si usted comienza una conversación sobre estrategia o rediseño de procesos (honestamente no lo harán, de modo que tampoco lo intente). Sin embargo, lleve a colación el tema del cambio y la gente se interesará. Su abuela le dirá lo fácil que era todo cuando los utensilios y herramientas estaban hechos de madera y los modales eran mejores. Hablar al respecto con sus amigos, hará que se refieran alegremente a los múltiples equívocos que han hecho impacto en sus vidas desde la última vez que usted los vio: los bebés que han tenido, los campeonatos perdidos, los trabajos ganados, los hábitos cambiados, las batallas morales, legales y psicológicas libradas. Todos conocen el cambio aunque no lo amen. Todo el mundo sabe –en algún nivel consciente– que el cambio es *el* ritmo vivificante, colorido, frustrante y de múltiples patrones que lleva la vida. Esa es una de las razones para que este libro tenga una inclinación hacia los aspectos del cambio relacionados con las personas.

No obstante, en el mundo de los negocios del cambio se habla casi en términos sagrados. El cambio en los negocios empieza con C mayúscula. El cambio en los negocios es (en un tono de voz que va de apocalíptico a sereno) *un asunto muy serio*.

Quizás usted pueda entender el porqué. Vivimos en una era de vastas transformaciones sociales, con tanto poder y alcance como en las eras del Renacimiento e Industrial. Cuando usted entiende que estas tres épocas de la humanidad –Renacimiento, Industrial y de la Información (o cualquiera que sea el término que aplique a esta última)– han ocurrido en el último parpadeo de la existencia del hombre en este planeta, puede aceptar que la humanidad está aprendiendo a acelerar los ciclos naturales de nacer, crecer, madurar, envejecer, morir y volver a nacer. Nuestra herramienta elegida, el computador, duplica la velocidad de su procesador cada seis meses, casi garantizando la obsolescencia tecnológica tan pronto como hemos abierto el empaque, llevándonos a trabajar, aprender y vivir cada vez más y más rápido. La velocidad es el medicamento a elegir a finales del siglo XX y comienzos del siglo XXI. Todo es veloz incluido el cambio.

El cambio es un aspecto muy importante

Usted podría pensar que el cambio es lo peor que le puede suceder a una empresa. Un desastre. El Maestro del Cambio Inteligente debe trabajar contra este condicionamiento.

Tome de su biblioteca cualquier volumen de literatura sobre el cambio empresarial y se convertirá en un tiempo de ruina y debacle. Leemos acerca de la inmensidad de la tarea del cambio. Leemos sobre las presiones implacables que enfrenta la organización moderna. A nivel personal, ¿qué escucha sobre la gente? ¿Están saltando y riendo porque su compañía va a vivir otro cambio? ¿Están listos y dispuestos, y son capaces de hacerlo? No. Se resisten al cambio. Le tienen miedo. Son unos bribones desagradecidos. De modo que necesitan impulso y contención, nalgadas y mimos (en palabras de Robbins y Finley). Necesitan estar hechos para cambiar o, de otro modo, vagarán sin una expresión en su rostro, respirando el oxígeno del CEO.

Honestamente, no sé si usted sabe algo de este tipo de personas descritas en los libros sobre cambio o si trabaja junto a alguno en su empresa, pero me sorprende cómo siempre consiguen trabajo en prestigiosas compañías de estudio de caso. Las personas en los libros sobre cambio –opositoras, difíciles, impredecibles, necesitadas, débiles– me recuerdan al personaje de la tira cómica británica *Viz*: Miss Jelly Head (Señorita Cabeza de Gelatina). Pobre niña, sin cerebro. Ella acostumbraba simplemente a pasearse sorprendida mientras que a su alrededor sucedían hechos imposibles: asaltos bancarios, asesinatos, aplanadoras de vapor sin control. "¡Si solamente Miss Jelly Head pudiera alcanzar el freno!". Pero ella no podía, claro está, porque no tenía cerebro. Totalmente inútil, como una de las personas descritas en un libro sobre cambio.

Si su personal es de este tipo de gente: opositora, difícil, impredecible, necesitada, débil, entonces no lea más porque éste no es un manual para tratar con sociópatas. Nada de lo que aparece aquí funcionará en personas como esas. Lo mejor que usted podría hacer es tener una charla con su departamento de Recursos Humanos y preguntarles por qué reclutan a los que quedan como rezago en el mercado de empleo. Y pregúntele a su consultor de reclutamiento/cazador de talentos ("cazador de cabezas") a dónde va de vacaciones.

Creo que una de las cosas que hace ver grave el cambio en las organizaciones es una suposición muy aceptada acerca de la gente, es decir que es opositora, difícil, impredecible, necesitada y débil.

El cambio es importante para las organizaciones porque:

- "ellos" se resistirán a él

- se presentarán interrupciones considerables que costarán dinero

- el cambio es complejo en las organizaciones grandes y sólo pensar en hacerlo tomará gran cantidad de tiempo, ya bastante escaso. No pensar acerca del mismo, nos costará incluso más

- no estamos muy bien en él, a nivel personal o de grupo

- no hay claridad si el futuro desconocido podría ser peor que el presente que conocemos

- no estamos seguros

- aunque estemos de acuerdo con este cambio, sabemos que otro vendrá pronto

- las iniciativas de cambio en organizaciones como la nuestra han producido reducción de empleos, ira, resentimiento, un alto nivel de estrés, pérdida de la confianza, confusión y han puesto al descubierto algunos de los lados más oscuros de la naturaleza de las personas: engaño, culpa, envidia, odio. ¿Por qué diablos nos tomaríamos el trabajo de hacerlo de nuevo?

  y, lo más importante de todo,

- preferiríamos que no hubiera sucedido.

Tengo una fe más optimista en el potencial de los seres humanos. Creo que si usted busca debilidad y temor, los encontrará. Creo que si usted espera respaldo, retroalimentación, creatividad y voluntad, las creará.

Esto no significa que en mi mundo las personas no se·comporten con cinismo o negatividad, que son rasgos humanos comunes, y me sorprendo cuando la gente se siente tan herida al encontrarlos. Sin embargo, en mi organización ideal, un líder querría tomarse el tiempo para entender *por qué* la gente se comporta como lo hace y encontrar *qué* se podría hacer para ayudarlos a dejar atrás esos comportamientos inútiles. Ahora *eso* es inteligente...

¿Qué es lo más importante acerca del cambio?

De acuerdo. ¡Es hora de un poco de autoconciencia inteligente!

La naturaleza no tiene problemas con el cambio. Las estaciones van y vienen, siempre. A través de millones de años, miles de especies evolucionaron, se adaptaron, sobrevivieron o murieron, volaron, reptaron, treparon, avanzaron con esfuerzo, nadaron, volaron, se mecieron, se convirtieron en petróleo. En el fondo de la tierra, las grandes placas giraron y chocaron. El planeta formó un volcán aquí, produjo un terremoto allá, se calentó, se enfrió, se movió, soportó la vida. Desde la perspectiva de la Tierra (4,650 millones de años y contando), hay tiempo para cambiar, tiempo para experimentar, tiempo para elegir.

Para los humanos, de otro lado, comprimida en nuestras pequeñas cápsulas del tiempo de 70 u 80 años, el cambio es un grado bueno o dos más difíciles y complejos. Sin embargo, el tiempo, o la falta de éste, en realidad no es el problema. Después de todo, todos tenemos la misma cantidad de tiempo, sí, todos contamos con la misma cantidad de horas diarias para trabajar.

Entonces, ¿qué constituye la diferencia? Tenemos nuestro ego, y con él viene todo un catálogo de temores y sombras (no tener suficiente tiempo es apenas otra excusa del ego generada por los dilemas que enfrentamos y a los que quedamos expuestos. Si usted dice que no cuenta con suficiente tiempo, evidentemente se está excusando de hacer primero lo que es importante).

En el mundo de los negocios, el cambio en realidad es muy serio porque se supone que las personas, por naturaleza, le temen. Eso no tiene sentido; nuestros temores son mucho más específicos que eso y todos están dirigidos por el ego. Tenemos miedo de no vivir de acuerdo con nuestras propias expectativas e incluso de no vivir de acuerdo con las de los demás. Tememos no saber realmente qué queremos o lo que en realidad se supone que hacemos con nuestra vida. Le tenemos miedo a las implicaciones de descubrirlo; de perder nuestro estatus, nuestra reputación, nuestro conocimiento, la actualidad de nuestras destrezas, nuestra influencia. Tenemos miedo de que nos descubran, de saber quiénes somos y en quiénes nos podemos convertir; no estamos tan seguros de ser quienes somos. Tenemos miedo de perder nuestro trabajo, nuestro cabello, nuestra figura, nuestros dientes, nuestros cheques de viajero, nuestro nivel de comercialización, nuestros ingresos, nuestro hogar, nuestro derecho a vacaciones obtenido en el último año, nuestra vida sexual. Nuestras mentes. Así nos mantenemos demasiado ocupados. Tenemos cantidad de actividades por hacer, para mantener nuestros temores a raya. Nuestros organizadores personales nos dan sombra, de ahí que tengamos miedo de perderlos.

Tenemos que admitir que hay muchos elementos o situaciones que nos causan miedo antes de que podamos decir que tememos al cambio.

De modo que el cambio recibe mala prensa, tanto a nivel personal como organizacional porque, aunque promete felicidad, también puede traer tristeza; porque ofrece alegría pero también puede llevar dolor; y porque ofrece progreso, pero también amenaza todo lo que previamente nos ha brindado satisfacción. Y el ego prospera en este miedo.

Entre tanto, preocupados o no, el cambio emite pulsaciones como una fuente de energía a través de nuestra vida.

Usted encarna el cambio. Mientras está leyendo este libro, sus células morirán y serán remplazadas un millón de veces. Su sangre recogerá toxinas y quedará limpia con cada inhalación de aire. Su cabello se caerá y quedará en el teclado de su PC. Sus uñas crecerán, imperceptible e inexorablemente. En el ambiente que lo rodea, el cambio late y fluye. Los hechos ocurren, algunos inciden en usted, otros no. Todo cambia y usted se adapta y aprende, como siempre lo ha hecho. La gente cambia, feliz y eficazmente. Usted se mojaba en los pantalones.

No obstante, muchas cosas no cambian como lo esperamos, muchas otras no suceden en la forma que planeamos. En ocasiones, algunas ocurren inesperadamente. Como la muerte.

No podemos predecir el futuro, no podemos garantizar nada. No siempre obtenemos lo que queremos.

De *modo que hay mucho que no podemos hacer con respecto al cambio*. A veces, la aceptación puede ser la respuesta real y no el cambio.

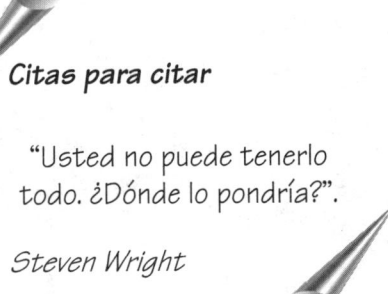

Citas para citar

"Usted no puede tenerlo todo. ¿Dónde lo pondría?".

Steven Wright

Seamos realistas con el cambio

El estrés que con frecuencia se reporta alrededor del cambio ocurre porque queremos predecir el futuro y garantizar los resultados. Es un asunto de control. Una de las seducciones del ego está en que podríamos vivir una vida fácil y de satisfacciones si pudiéramos conseguir lo que queremos. Y eso es lo que significa garantizar el futuro. Cuando fracasamos en esta tarea imposible, nos burlamos de nosotros mismos con una perspectiva de 20/20, "debes hacerlo" y "tienes que hacerlo". En la siguiente ocasión, nos decimos que con seguridad seremos mejores en predecir *todo*.

¿Por qué nos acomodamos al ego para disfrutar esta tonta fantasía? Miedo, quizás. En el fondo, el miedo que no queremos sentir cuando las cosas no salen como esperamos. La fantasía de creer que podremos controlar todo el cambio es menos dolorosa que la posibilidad de que pudiéramos considerarnos faltos de inteligencia si derribamos la fachada.

Debido a que cuando algo cambia, todo cambia –todo el futuro se modifica– nuestra necesidad de controlar es doblemente burlada. No es sólo que no podemos garantizar el futuro, es que posiblemente tampoco podemos mantener todo lo que está sucediendo. El cambio despliega la vida ante nosotros, enmascara los caminos de la posibilidad y la oportunidad revolviéndolos confusamente en la distancia, cuando en realidad lo que más quisiéramos es conseguir que todo se aclarara y terminara.

Todas las doctrinas espirituales le enseñan a aceptar lo que usted no puede cambiar. Al mundo de los negocios no le agrada esa idea.

La futilidad de tratar de controlar el cambio no ha penetrado al fondo del mundo de los negocios. Podemos decir a los demás que "el cambio es una constante" como si lo creyéramos, pero en realidad no hemos captado la omnipotencia y omnipresencia que esta descripción confiere. El cambio en los negocios apenas es otro asunto enojoso, como los seres humanos, que hay que manejar. No hacerlo de ese modo siempre va acompañado de recriminación y más recursos incluso para una metodología más (¿menos?) eficaz de gerencia de proyecto. El cambio en los negocios es mucho más un mal asunto que el único asunto.

Citas para citar

"Por lo general, la certeza es una ilusión y el descanso no es el destino del hombre".

Oliver Wendell Holmes, Jr., Suprema Corte de los Estados Unidos.

"No son los cambios que usted hace, son las transiciones. Cambio no es lo mismo que transición. El cambio es situacional: el nuevo sitio, el nuevo jefe, los nuevos roles del equipo, la nueva política. La transición es el proceso psicológico que atraviesan las personas para ponerse de acuerdo con la nueva situación... A menos que se presente la transición, el cambio no funcionará".

Managing Transitions: Making the Most of Change, William Bridges

Citas para citar

Esto se basa en un concepto erróneo: que el cambio es un objetivo externo. Es algo, se dice, finito y separado de nosotros, como está un cliente separado de nosotros. El cliente, decimos, puede observarse o no en nuestra base de datos o en la tienda. Por tanto, hemos creído que el cambio existe. Como creemos que está separado de nosotros, pensamos que podemos manejarlo. Sin embargo, el cambio no está afuera, está en todas partes y en nosotros. (Yo sé que suena como una cursi tonada europop, pero es verdad). El cambio no es un recuadro de un organigrama o un módulo de estudios separado de MBA, como Estrategia; es el meollo del negocio, de la vida.

Al crear esta imagen del cambio como algo externo, separado, mal formado, el Maestro del Cambio Inteligente sabe que únicamente aumentamos nuestra soledad a partir de aquél, reducimos nuestra identificación con él, lo convertimos en nuestro enemigo. El cambio no es el enemigo. De hecho, como con todos los seres vivos, estamos en íntima relación con él. Tan íntima en la realidad que cuando comenzamos a "manejar el cambio" en una organización, muy pronto usted se encuentra con que sencillamente está manejando la organización (mejor o de un modo diferente). Debido a que las organizaciones no pueden cambiar excepto a fuerza de cambio personal, usted comprende que en realidad se está manejando a sí mismo, su forma de pensar, de actuar, de responder ante la vida.

Existe otra falacia: que usted maneja el cambio. Usted no lo hace. Simplemente no mide ni maneja el cambio; usted mide o maneja los resultados o los beneficios o las oportunidades que ahora existen en el mundo. Usted maneja actitud, actividades, emoción. Usted maneja sus percepciones, objetivos, comunicación, las tácticas encaminadas hacia una estrategia. La manera como la gente aprende. Sin embargo, usted nunca puede manejar el cambio. La historia ilustra esta situación con el caso del Rey Canuto[1].

Este libro está diseñado alrededor de algunas creencias positivas, inteligentes y centradas en la gente con respecto al cambio (en oposición a muchos libros de cambio que tienen creencias muy negativas acerca del mismo y consideran a las personas como parte del problema). Se basa en algunos principios muy simples.

Éstos son:

Las creencias

Todo cambia.

Por consiguiente:

- todo puede cambiarse

- no hay resistencias al cambio

- no hay saboteadores del cambio

- no hay "agujeros negros" en las organizaciones, en donde el cambio no penetre

- no hay empleados desleales

---

[1] **N. de T.** Canuto, rey sajón de quien poco se sabe pero cuya forma de gobierno se recuerda porque sentado frente al mar en la costa del sur de Inglaterra, ordenó que no subiera la marea.

- ... excepto los que hemos creado por nuestras acciones en el pasado

- ... y todo puede cambiarse

- ... de modo que podemos cambiar esa realidad

- podemos volver a crear lo que hemos hecho

- la única "gente problema" en las organizaciones es aquella a quien todavía no se le ha dado el tiempo, la información, el espacio psicológico, el entrenamiento o, de hecho, la oportunidad para cambiar

- ... o nosotros, debido a que hemos malentendido la simplicidad *y* la dificultad del cambio.

Los principios

1. Conciencia

- saber qué es lo que usted quiere

- saber en dónde está usted.

2. Alineación

- cambiar sus comportamientos, sistemas y actitudes hasta que estén en línea con lo que usted quiere

- mantenerse consciente para ayudar a seguir su propio progreso

- trabajar con lo que funciona; aprender de ello y descartar lo que no funciona.

Estos principios son simples, pero no son fáciles.

Ser supremamente serios con el cambio

El cambio siempre es posible pero requiere lo que el filósofo Andrew Cohen llama ser "supremamente serio".

Existe una diferencia entre ser serio y supremamente serio. Cuando usted es esto último, no tiene tiempo que perder y esto hace que su relación con la verdad sea muy diferente de cuando apenas es serio. Cuando usted es serio, tiene tiempo, pero cuando es supremamente serio no tiene tiempo en absoluto.

La gente que es supremamente seria, triunfa; la gente que no es seria no lo logra. Si quiere triunfar, tiene que estar seguro de lo que hace. Es su decisión. Si está seguro de hacerlo, lo logrará. Si es supremamente serio, nada ni nadie podrá detenerlo.

La mayor parte de las organizaciones son serias con respecto al cambio, pero no supremamente serias. El cambio no es lo más importante del mundo para ellas; quizás ocupa el tercer o cuarto lugar en la lista, después de objetivos como *mantener el valor para los accionistas* y *complacer al cliente*. Estas entidades producen resultados de cambio para justificarse.

Sin embargo, si los principios de cambio anteriores son tan simples, ¿por qué no son fáciles también?

La conciencia es simple; sólo tenemos que ver las cosas como son e imaginarlas mejor de lo que son. Esto no es difícil (aunque muchas organizaciones fracasan en este primer obstáculo al desechar la visión como irreal, sintiéndose más cómodas con la culpa que con la esperanza).

Lo que *resulta* difícil para la conciencia es enfrentarnos con la realidad de lo que hemos producido con nuestro trabajo (no muchas organizaciones son humildes) y luego admitir qué tan lejos llegaron nuestros sueños (no muchas organizaciones son tan honestas). La otra dificultad acerca de la conciencia está en que lo lleva a usted a un punto en donde entiende que la única razón para que usted sea quien es, es usted. La única razón para que una compañía esté en el camino en donde se encuentra es porque ha elegido pensar y comportarse en la forma como lo hace. Esto no se debe al aumento de la competencia, las exigencias de los clientes, el avance de la tecnología o el resultado de tiempos difíciles. Es como es por la manera como se ha respondido a todo. Asumir la responsabilidad de lo que la compañía ha producido en el pasado –por vergonzoso o doloroso que pudiera ser– es una etapa esencial en el proceso de cambio.

La alineación también es simple y probablemente más fácil en la medida en que usted la hace. Es casi permitir un camino despejado de apertura entre realidad y visión, en donde todo lo que usted tiene en la organización está señalando y ayudando a su visión. Este "todo" incluye:

- estrategia

- táctica

- actitudes

- presupuestos

- marca

- marketing

- criterios de contratación y despido de personal

- procesos de toma de decisiones

- sistemas

- premios

- pagos y compensaciones

- comportamiento de liderazgo

- decoración

- reuniones

- distribución de la oficina

- capacitación y desarrollo

- publicidad y marketing

- interacción con los grupos de interés externos (clientes/proveedores/familias/accionistas/comunidad)

- la fiesta de navidad

- diseño del área de recepción

- pagos a los acreedores

Es mucho lo que puede encontrarse en el camino de la visión, es mucho lo que puede estar desalineado. Es la diferencia entre:

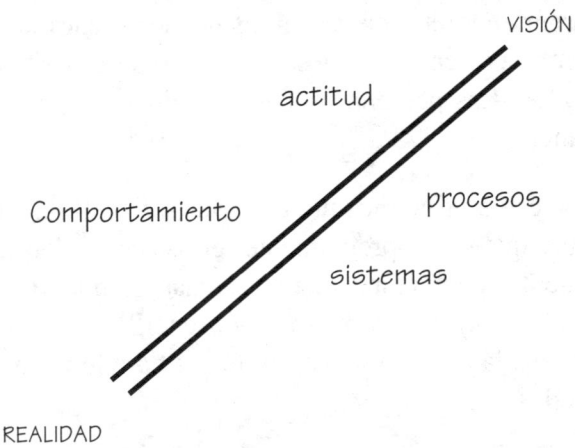

y:

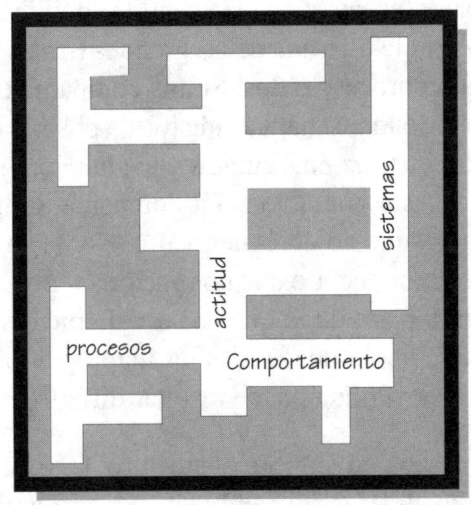

Las visiones se pierden en el laberinto de la desalineación. Los laberintos pueden ser lugares en extremo frustrantes para estar en ellos, si usted está interesado en llegar a alguna parte con rapidez. Si ese no es el caso, entonces son sitios maravillosos para absorber energía. Los laberintos pueden crear una ilusión de enorme actividad. Sin embargo, en ocasiones, son lugares demasiado seductores para encontrarse en ellos. Las personas pueden caminar allí durante años, como si estuvieran en trance.

La simplicidad de estos principios no descarta la disciplina e incluso la rigidez. Las organizaciones que son supremamente serias acerca del cambio se enfrentarán a lo que encuentren con respecto a sí mismas: lo bueno, lo malo y lo humillante. Y, una vez que hayan fijado su visión, sencillamente no tolerarán desviaciones con respecto a la alineación. El cambio se convierte en lo más importante del mundo para ellas.

Suponga que la visión era parte del compromiso corporativo hacia "agregar valor". Si una compañía es *seria* en este sentido, publicará la visión en un documento agradable y empleará a una de las grandes firmas consultoras para aplicarle la reingeniería a un proceso o dos. Si una compañía es *supremamente seria* al respecto, entonces todo lo que haga, cada forma posible como invierta su tiempo, todo sistema de administración, reunión y evaluación, se fundamentarán y examinarán a la luz de esta condición. La compañía simplemente deja de gastar tiempo en actividades que no agreguen valor. No hay excusas. Lo que funciona ("agrega valor") se mantiene. Lo que no funciona ("no agrega valor") se desecha. Lo difícil es que gran parte de lo que ha servido bien en una compañía y con lo que ha crecido unida, ahora puede resultar inapropiado. Esas actividades se tienen que descartar. Esa pérdida puede resultar difícil.

La alineación es un trabajo increíblemente duro. Uno de los más grandes problemas que enfrentan los líderes del cambio es ver a su organización alejarse de los métodos de funcionamiento conocidos. Después de todo, lo antiguo es muy confortable ya que se necesitaron muchos años de acondicionamiento, de modo que resulta natural que la gente quiera regresar allí. La alineación toma un claro y amplio rediseño de sistemas y procesos para hacer que el retroceso sea casi imposible; además, requiere de atención constante, concentración, vigilancia, imagi-

Habíamos anunciado una pérdida significativa en el último año fiscal. "Las condiciones comerciales difíciles" se vieron aumentadas por graves errores de criterio por parte de algunos gerentes senior. Fue difícil. De modo que, como resultado de estos tiempos duros y sin precedentes (para esta compañía) nos fuimos, la junta, a un retiro para decidir qué íbamos a hacer en el futuro. Buscamos a un consultor como facilitador. Fue muy exigente con nosotros, algo que desde mi perspectiva era necesario, pero que también se sintió como si el mundo estuviera conspirando en contra nuestra. Lo primero que nos preguntó fue sobre nuestros miedos: a lo que más le temíamos. "Fracaso" dijimos sin ánimo, casi sin pensar. Entonces, nos pidió que habláramos acerca de las fortalezas de la compañía, de lo que hacíamos bien, de lo que nos sentíamos orgullosos. Recuerdo que hicimos una lista larga y que pegamos los pedazos de papel en la pared. Observamos la lista de fortalezas. Por lo menos, yo lo hice. Pensé que me inspiraría. Sin embargo, el facilitador no quería que nos inspiráramos todavía. "No podemos hablar acerca del futuro" dijo, "hasta que ustedes hayan comprendido que la combinación e interacción de exactamente esta lista de fortalezas ha producido para ustedes lo que más temen. El miedo —fracaso— lo han sentido ustedes y ésta es la manera como lo consiguieron. Ahora, solamente hay dos maneras de avanzar y ustedes deben considerarlas ambas. Deben desarrollar nuevas fortaleza a la vez que descartan su vínculo con lo que amaron; y deben cambiar lo que temen. Ya no hay nada más para temer al fracaso porque está sentado a su lado en este salón. Ustedes deben encontrar cosas mejores por las cuales sentir temor.

Director de una fábrica de ropa

nación, insistencia y perseverancia por parte del líder del cambio, para explicar por qué no retroceder es una buena idea

Cuando una organización está alineada, la energía del cambio la atraviesa con facilidad cuando la entidad se mueve hacia su visión. La desalineación bloquea esa energía, causa fricción, choques, agotamiento y confusión. Se produce gran cantidad de actividad pero se logra muy poco cambio.

P: ¿Qué es lo grande del cambio? ¿Qué nos aportará a mí y a mi compañía aprender a ser un Maestro del Cambio Inteligente?

R: El cambio solía ser únicamente para aquellas compañías que estaban perdiendo dinero o para aquellos individuos que eran vistos combatiendo y que necesitaban "volver a la línea". Ahora, avances tecnológicos, globalización y clientes más inteligentes significan que incluso las organizaciones más saludables e innovadoras deben participar en el juego del cambio. Sin embargo, esto no tiene que ser doloroso. Estos son algunos de los...

Beneficios para el individuo inteligente

- aumento en la satisfacción con el trabajo (del estado de víctima al de dominio del cambio)
- prestigio (no muchos son buenos para dirigir el cambio)
- aumento de la posibilidad de conseguir empleo/comerciabilidad (lo dicho)
- las lecciones aprendidas también se aplican a la vida personal (mayor conciencia y equilibrio)
- actitud abierta para aprender, arriesgarse y plantear ideas intraempresariales (confianza)
- entendimiento de los principios básicos de la vida de las organizaciones (poder)

Beneficios para la organización inteligente:

- reenfocar el propósito, la identidad y la energía corporativas para lograr nuevas metas (aumentar la confianza)
- descartar las formas antiguas y redundantes de hacer las cosas (aumentar la agilidad)
- nuevos clientes, si usted lo decide, o establecer mejores relaciones con los actuales (= más/diferente dinero)
- atraer individuos inteligentes (= fuente definitiva de ventaja competitiva)
- aprender más rápido/volverse más inteligente (= la siguiente fuente más definitiva)
- supervivencia (opcional)

Si necesita más beneficios, es demasiado tarde para su compañía.

Usted tiene que ser decididamente serio con el cambio. Cada paso lejos del camino claro y alineado hacia el cambio es un paso atrás en el laberinto de las antiguas
formas de proceder y trabajar.

1

Reducir a cenizas el antiguo concepto de cambio

Buscar una visión de cambio apropiada para nuestro tiempo

"En algún momento, verdaderamente vamos a ver nuestra vida como algo positivo, no negativo, constituida por un espíritu de continuidad, no de restricciones ni prohibición".

Mary Parker Follet

La fuerza motriz

De modo que, ¿qué desea hacer usted?

- ¿cambiarse a sí mismo (su vestuario/destrezas/competencia/actitud)?

- ¿cambiar a otro (la influencia de la actitud de alguien más hacia usted o un concepto)?

- ¿cambiar un sistema o proceso en su empresa?

- ¿cambiar la cultura corporativa?

- ¿cambiar de negocio?

- ¿cambiar el mundo?

¿Es ésta una lista de "grados de dificultad"? No. La naturaleza del cambio es siempre constante: los mismos principios de conciencia y alineación se aplican a cada nivel.

¿Qué más conecta estos seis cambios? En todos los casos, hay un aspecto de creación y otro de destrucción: algo existió antes de ser remplazado por algo diferente o nuevo.

La otra conexión importante está en que cada cambio subsiguiente depende del primero. Usted no puede cambiar nada a menos que usted también cambie. Incluso, si tan sólo está tratando de persuadir a una persona de que los argumentos que usted plantea son correctos, no podrá lograrlo a menos que usted cambie su propio estilo, quizá, o forma de pensar, o la manera de expresar su perspectiva. Usted nunca puede ser el centro fijo de una tormenta que gira con furia. Todo está conectado. Si se necesita que las cosas cambien, usted tendrá que cambiar. Y si puede cambiar positiva, consciente y creativamente, también puede cambiar su mundo.

Ideas inteligentes acerca del cambio

Las organizaciones no cambian: la gente es quien cambia. Las organizaciones cambian en la medida en que uno cambia.

En las organizaciones, todos los cambios requieren del cambio en el personal. Es la inteligente línea de base.

Las organizaciones modernas tienen estructuras flexibles y "jerarquías planas" para acelerar la toma de decisiones y la comunicación.

Sin embargo, esto no será bueno a menos que usted tenga suficiente confianza para compartir su conocimiento libremente y sin egoísmo, en aras del bien común.

Las organizaciones modernas trabajan en equipo y no como individuos aislados, pero eso no será bueno a menos que *usted* sepa cómo llevarse con los demás, crear sinergia con las ideas y disipar el conflicto.

Las organizaciones modernas reaccionan con rapidez ante la información derivada de nuevas necesidades del cliente, pero eso no será bueno a menos que *usted* sea capaz de dejar los malos hábitos y el condicionamiento, y tomar y defender riesgos saludables.

Las organizaciones modernas se basan en el mejoramiento continuo de lo que hacen, a través de una retroalimentación constante proveniente de sus principales grupos de interés. Sin embargo, esto no será bueno a menos que *usted* tenga el coraje de desafiar el *statu quo*.

Si todos confían en que sea otro quien cumpla con estas responsabilidades, entonces "la organización" nunca obtendrá los resultados que busca.

De modo que la compañía necesita que *usted* tenga un dominio del cambio personal. Además, usted necesitará que este dominio se vuelva más efectivo en su trabajo.

Como líder de otros, usted necesitará estar en el cambio que está defendiendo, ser un modelo para los demás. El cambio crea nuevos mundos (nuevas compañías, nuevos sistemas, nuevos comportamientos) y debido a que son nuevos, no existe información al respecto (no hay folletos en el almacén de viajes corporativo). Esto exige que usted le demuestre y le diga a la gente qué es lo que intenta hacer.

Así mismo deberá mantener el equilibrio cuando la situación se vuelva turbulenta. Esto significa tener un mayor control de su conciencia y comportamiento del que disponen sus colegas de la conciencia y comportamiento de ellos mismos. Cuando la situación requiere una perspectiva equilibrada, para verla tal como es,

Ideas inteligentes acerca del cambio

El cambio comienza con usted y conmigo y, en definitiva, conmigo. Es tiempo de mirarse en el espejo.

usted no puede evitar ser víctima de los efectos distorsivos de sus propios miedos y dudas. Cuando la situación requiere una comunicación honesta y clara para eliminar las tonterías que alguien, con carácter de tonto, está lanzando tan sólo para hacer divertidos sus años antes de retirarse, usted necesitará poner a un lado la exhortación de su ego de que "su trabajo está en juego" y decir la verdad con el corazón. En realidad se necesitará que usted sea muy listo en su trabajo como líder del cambio. Sin embargo, muchas personas pueden ser listas. No muchos tienen el deseo de trabajar en sí mismos, de modo que su pensamiento es claro y equilibrado, sus emociones flotan sin bloqueos o agitación, y su cuerpo está libre de estrés y agotamiento. El ingenio tiende a evaporarse cuando usted se siente como si fuera un trapo sucio que se arrastra para recoger la mugre.

El cambio organizacional efectivo tiene sus raíces en una perspectiva realista y saludable que se basa en el cambio personal.

Preguntas que matan

¿Qué necesito hacer para estar relajado y tener una actitud positiva hacia el cambio? En otras palabras, ¿qué pasa si el cambio no fuera algo grandioso?

Existen cientos de libros, grabaciones y cursos que pueden ayudarle a manejar su estrés, a cambiar su manera de sentir, sus creencias limitantes, sus valores fundamentales, su capacidad para escuchar. Aquí no quiero reproducir los consejos que hay en esos textos. Lo que pretendo hacer es ayudar a cambiar la conciencia que usted tiene, dándole un punto de partida para una nueva visión del cambio, un cambio quizá más adaptado para la época que el temeroso, difícil y doloroso cambio de "objetivo externo" que describo en el último capítulo. Es una visión sorprendentemente positiva pero realista, creo yo, como la de nadie más.

Buena pregunta. ¿Qué pasa si el cambio *no fuera* algo grandioso? Después de todo, el cambio es potencial. Es crecimiento. Aprender cuál es su camino a través del cambio lo ubica a usted en el centro creativo de su vida, en lugar de ser una víctima de las circunstancias externas.

El cambio es algo grandioso para los individuos porque:

- Por lo general, creemos que la necesidad de cambiar es algo fuera de nosotros, que le sucede a los demás. Nuestro jefe necesita cambiar –o más o menos– en nuestro equipo. Debía demostrar más ánimo, recargar sus baterías. "Esta compañía" también tuvo un mejor cambio o, de otro modo, yo estaría despedido.

- Hacer que el cambio personal suceda es ubicarse fuera de la zona de comodidad. Esto, por definición, nos exige renunciar a la comodidad por la incomodidad; sea en la forma de aprender nuevas destrezas o liberándose de antiguos supuestos y creencias. Aunque eventualmente nos acostumbraremos a la zona exterior del nuevo mundo, nos tomará bastante tiempo adaptarnos a la incomodidad. Si usted está cómodo, es innegable que no está cambiando.

- El cambio personal no es sólo adoptar nuevos hábitos, comportamientos o creencias. Es liberarse de los anteriores. Eso significa aceptar una pérdida.

- La pérdida no es la única incomodidad asociada con el cambio personal. Si usted decide dejar un antiguo hábito o actitud, parte de ese abandono exige enfrentarlos, a pesar del desasosiego que pudiera presentarse, y examinar cómo llegaron a un primer lugar. Esos comportamientos desagradables fueron suyos, de modo que es necesario enfrentarlos, quejarse o enfurecerse. Usted los creó. No puede comprar nuevos hábitos como si fuera una nueva colección de trajes. Usted tiene la propiedad de lo que ha hecho, de modo que puede reconocerlo si alguna vez comienza a hacerlo de nuevo. Eso puede resultar difícil. Infortunadamente, la manera de llegar a la luz es a través de la oscuridad.

Honestamente, eso es. Tal como ingerir esta tableta y ver.

"Llámenme anticuado pero...": una perspectiva más positiva sobre el cambio.

¿Qué pasa si tomamos un medicamento que nos haga más positivos hacia el cambio? Adelante, nadie está mirando. Aquí solamente estamos usted y yo.

> Una base segura en la vida puede abrirle a la gente la puerta a lo positivo del cambio: aprendizaje, progreso y mejoras en su vida. La falta de una base segura puede arrastrar a las personas al lado más negativo y amenazante del cambio produciendo rechazo, hábitos, adicciones y dolor.
>
> *Diary of a Change Agent,* Tony Page

Ahora, mientras el medicamento hace efecto, voy a sugerirle unas cuantas ideas. Simplemente relájese.

¿Qué pasa si el cambio fuera una aventura que realmente usted esperara con interés? ¿Qué pasa si, cuando las cosas parecen iguales por mucho tiempo, usted lo interpretara como deterioro y no como seguridad? ¿Qué pasa si usted *se enamora* del cambio?

¿Qué sucedería?

¿Qué pasa si el cambio no fuera una historia acerca de la manera como el destino se empeña en castigarlo, sino una oportunidad para reinventarse a sí mismo, en este momento, para unirse a un ciclo enteramente natural que siempre gira, es universal, existe desde siempre en el tiempo, es místico y real, no está hecho por el hombre y va de la vida a la muerte para volver a nacer? Realice el siguiente ejercicio:

Si el cambio fuera una aventura y no una amenaza, yo

sería:

haría:

Nuestro mundo está en constante movimiento, nuestra cultura no se detiene, nadie sabe cuál será su curso, todos tenemos que confiar en el proceso de que el cambio realmente es, de verdad, de verdad, la única constante en la vida, que algo tan fundamental como el ADN de la vida no puede haber sido diseñado solamente para malograr su fin de semana, y que de algo viejo *siempre* nace algo bueno. Usted va a estar bien. Nadie más que usted mismo puede hacer que no se sienta bien. Ni puede cambiar...

Claro que el cambio en ocasiones parece difícil, un asunto complicado, un viaje nada grato. Entonces, de nuevo, el cambio a veces resulta tan fácil como quitarle su osito de peluche a un bebé, mientras está dormido. Es como encontrarse un billete de cien dólares en la calle, alternar con una persona maravillosa en una fiesta a la que usted estuvo tratando de no asistir, lograr la meta de ventas del trimestre a mitad del periodo incluso antes de que su equipo haya acabado de despertar; nada de eso es difícil, ¿verdad? Cuando el cambio es tan fácil, usted no necesita libros como éste para ayudarse a manejarlo. Nadie a su alrededor le advierte sobre lo difícil que es tratar la resistencia al cambio, ¿o lo hacen?

No.

De modo que es su decisión. Usted puede sentarse y centrar su atención en esa dificultad o puede sacar todo el poder que se encuentra en su interior y permitir que lo bueno suceda, y cuando el cambio parece más difícil de lo que implica, entonces deberá aceptar que para conseguir lo bueno se requerirá que invierta un poco más de usted en ello.

Cuando el cambio parece difícil, usted necesitará aprender cómo ser un buen automotivador, cómo hablar bien y positivamente consigo mismo; necesitará saber qué hay en su interior para dar el Primer Paso hacia el cambio –puede ser soñándolo, escribiéndolo en su diario personal o su organizador; "una meta es un sueño con un límite" (Harvey MacKay)– puede ser prometiéndose una gran fiesta cuando lo logre, quizá haciendo una lista de aliados de confianza que le den su apoyo.

Entonces, después de haber hecho los planes y de haber alcanzado el sueño, es el momento de hacer el cambio y ahí es cuando surge el miedo.

El temor no es algo malo ni bueno, tampoco es positivo o negativo. El temor es parte del cambio. Lo que usted haga con él, es la clave.

Usted puede quedar paralizado de miedo o lanzarse a actuar marcado por él. Cualquiera que sea el caso, nunca dejará de experimentar este sentimiento acerca de algo o alguien. El temor está diseñado para proteger la vida del organismo cuando está en peligro, motivándolo a salir de semejante situación o a permanecer muy tranquilo. Más allá del terreno físico, existen muchas sombras de miedo psicológico. El miedo a lo desconocido, para sorpresa, es lo que la gente realmente siente cuando el cambio está ocurriendo; cualquier cosa que sea diferente a lo que conocemos ahora, por definición, es desconocida. Cualquier cambio, sin importar si el resultado ha sido bien planeado o la visión al respecto es correcta, es un movimiento hacia una nueva experiencia. Para algunos, ese miedo a lo desconocido es tan aterrador como el monstruo que no ven bajo la cama. El miedo a lo desconocido tiene muchas caras. Quizás el miedo al fracaso es lo que lo retiene. ¿Miedo a encontrar a alguien a quien usted no le agrade a causa del cambio? ¿Miedo a parecer tonto? ¿Miedo al compromiso? ¿Qué pasa con el miedo al éxito, el miedo a conseguir verdaderamente lo que usted quiere (porque qué hará *entonces*...?).

De modo que el miedo no terminará de un momento a otro. Es lo que usted haga con él lo que construirá o destruirá su vida. Y, en algún punto, usted sentirá el miedo y lo hará de cualquier manera porque al final entenderá que el miedo está allí para demostrarle algo valioso sobre usted y el cambio involucrado, y de él aprenderá que...

Entonces, no habrá tiempo para dilaciones. Usted habrá elegido lo que quería. Habrá controlado la parte de su vida que le impide obtener lo que quiere. Habrá aprendido del miedo. No hay nada más que hacer. Ahora usted debe dar ese Primer Paso...

Y ver lo que resulta.

Puede ser lo que usted anticipó, planeó y deseó. Puede no serlo. De cualquier manera, la respuesta más saludable siempre es la aceptación. Andrew Cohen, profesor, afirma que la Ilustración procede de aceptar todo exactamente como es, todo el tiempo, y no de querer que algo sea diferente. ¡Eureka! ¿Puede imaginárselo? No querer que algo sea diferente, ¿nunca? Pero yo quiero que el mundo y todo y todos los que están en él sean como yo quiero, todo el tiempo. Yo quiero que mi pareja y mis hijos vivan de acuerdo con mis expectativas, exigencias y valores. Yo quiero que se ajusten a mi definición de felicidad (algo bastante fácil: "es todo lo que *me* haga feliz, cada vez que yo lo diga así"). Quiero que mi trabajo sea emocionante cuando es aburrido y seguro cuando las cosas marchan mal. Quiero poseer muchísimas cosas pero pagando por ellas después. Quiero que la película empiece cuando yo llegue a casa y no antes. Quiero un sándwich de pollo con mayonesa para llevar, ahora. No, quiero tocino y aguacate. No. Atún. Queso.

Eso es todo lo que quiero. Soy bueno en tratar de conseguir lo que quiero. He estado tratando de hacerlo todo a mi manera desde que empecé a dar mis primeros pasos.

¿Qué pasa con usted?

Multipliquémonos usted y yo por unos cuantos miles y puede ver cómo las organizaciones llegan a situaciones estupendamente detestables...

No en contra de las cosas, sino a favor de ellas.

Citas para citar

"Esté siempre de acuerdo con lo que se pide que acepte. Tome lo que se le da y muévase según el camino que usted ha elegido. Mi meta en la vida siempre ha sido mantenerme a la par con lo que ocurre. No en contra, sino a favor.

Robert Frost

Si usted no acepta, no está utilizando energía valiosa para luchar contra algo real que está negando su versión personal de la realidad. Y eso es definitivamente vano. Ahora algunas cosas pueden cambiarse y existen herramientas para hacerlo como se explica con claridad en esta obra (también se supone que usted aún no está ilustrado sobre el particular –todavía– y por consiguiente todavía hay cosas que quiere que sean diferentes de lo que actualmente son en su trabajo y su vida). No obstante, son muchas las cosas que usted no puede cambiar sólo con su voluntad y esfuerzo: por ejemplo, están las demás personas, a menos que quieran y decidan hacerlo. De modo similar, muchas circunstancias se rehúsan a ajustarse a su agenda sin importar lo preocupado o enfurruñado que pueda estar usted. La energía que usted emite tratando de cambiar situaciones o elementos que están fuera de su campo de influencia, regresará en forma de ansiedad, amargura, culpa, pesadumbre y autocompasión. Luchar en las batallas que usted no puede ganar, arremetiendo contra molinos de viento, es el camino más seguro para vivir su vida como una víctima. Libérese. El truco para el Maestro del Cambio Inteligente es saber qué y cómo cambiar lo que puede y olvidarse –aceptando– lo demás.

Parece simple, ¿verdad?

Bueno, es sencillo, es profunda y ridículamente simple. Solo que...

[¡Oh, ya veo que el efecto del medicamento está comenzando a pasar...!]

No es *fácil*, eso es todo...

Citas para citar

La felicidad no está en lograr lo que usted quiere, sino en querer lo que logra.

Anónimo

Sin embargo, si usted consigue o no lo que quiere, a la postre mirará hacia atrás y verá que lo que ha estado pensando, por grande o pequeño que fuese, le ha dado la oportunidad de aprender algo acerca de los valores trascendentales de la vida, como fe, esperanza, coraje, serenidad y sabiduría. Y si *ese* es siempre el resultado del cambio, no importa si parece ser materialmente "exitoso" o no; entonces, ¿cómo puede ser malo el cambio?

No lo es y nunca lo ha sido. Nuestro miedo que empieza a dar sus primeros pasos –no sigue nuestro camino– es lo que puede ser algo malo para usted y para mí.

Entonces, debido a que usted habrá cambiado por esta experiencia de desplazarse y aprender conscientemente a través del cambio (si consigue o no lo que quiere), las cosas cambiarán de nuevo y se revolverán en su interior y le harán nacer la intención de cambiar algo más de su mundo.

Y el ciclo de cambio fluirá otra vez.

Conciencia

- de saber qué es lo que usted quiere

- de saber en dónde se encuentra usted.

Alineación

- para cambiar sus comportamientos, sistemas y actitudes hasta que estén en línea con lo que usted quiere

- para mantener la conciencia de seguir el camino de su progreso

- para trabajar con lo que funciona, aprender de ello y descartar lo que no sirve.

Características de dos caminos del cambio

Camino 1	El camino menos recorrido
Cambiar desde afuera, tomando lo que usted pueda obtener	Cambiar desde el interior, creándolo
Poseer el producto: amar el resultado	Poseer el proceso: amar el trabajo diario
Vacilación entre optimismo/pesimismo	Fe y confianza en lo que está sucediendo
Culpar a otros si usted no consigue lo que quiere	Aceptar lo que suceda; aprender de ello
Expresar gratitud si usted consigue lo que quiere (tal vez)	Gratitud por todos los resultados

[Yo siempre he pensado que las organizaciones podrán ser lugares mejores con más medicamentos a su alrededor].

Diez aspectos para recordar acerca del miedo

- El miedo es natural e inevitable, de manera que simplemente hay que reconocerlo y empujarlo. Muévase, no se quede paralizado.

- Recuerde que su poder personal proviene de su interior: crea en usted mismo.

- Asuma la responsabilidad por lo que hace o deja de hacer; evite culpar a los demás o al mundo.

- Piense positivamente.

- Salga de la tribu; piense, decida y actúe por su cuenta.

- Tome "decisiones sin pérdida", aquellas que le permitan aprender incluso de los desastres.

- Trabaje en todos los aspectos de su vida: el miedo en el sitio de trabajo también tendrá impacto en el mundo fuera de él.

- No se resista a la realidad, déjela proceder; aquello contra lo que usted se resiste, persiste.

- Dé lo que usted quiere: si quiere confianza, confíe en los demás; si quiere premios, premie a los otros.

- Sea gentil consigo mismo: el mundo puede criticar y mofarse, pero existen formas más constructivas que usted puede utilizar con resultados negativos.

[adaptado de *Feel the Fear and Do It Anyway*, Susan Jeffer].

Ese mundo ha prosperado por tanto tiempo a través de mentes brillantes y manos fuertes que han hecho el trabajo duro, que resulta fácil caer en el engaño de que el simple esfuerzo da como resultado un cambio exitoso. Ojalá fuera tan fácil.

¿Cuáles son las oportunidades de transferir mi visión de cambio en el turbulento y difícil mundo del "nosotros nunca fracasamos" de las organizaciones?

Bien, comencemos con usted. A continuación hay diez preguntas que debe hacerse acerca de cualquier cambio que intente poner en funcionamiento.

Diez verdades sobre el cambio que se aplican en el terreno personal y de la organización

He elaborado esta lista a partir de mis propias observaciones sobre proyectos de cambio tanto exitosos como fracasados. Ambas situaciones estuvieron llenas de individuos talentosos y bastante bien intencionados. Sin embargo, el talento no parece ser suficiente a menos que también se cumpla con los siguientes principios.

1. Usted tiene que decidir exactamente qué es lo que quiere... ¿de acuerdo?

Las metas confusas producen resultados confusos. Dejarse llevar por la tentación de lanzarse y comenzar a trabajar sin contar con suficiente análisis y planeación produce desperdicio de energía y cantidades de desilusiones. Una meta definida dirige la energía, da un sentido de propósito y brinda un contexto para resolver cualquier tipo de problema. Revise el capítulo sobre formación de la visión, más adelante, para obtener ayuda en este sentido.

2. Usted tiene que querer realmente el cambio... ¿no es así?

El cambio no es una opción; *tiene* que suceder. No hay alternativa, sin importar lo ocupada que sea la organización, ni cuánto pueda obtener dentro de dos meses. Si existe alguna alternativa, no se moleste en empezar. Muchos proyectos de cambio comienzan como "una muy buena idea" que "quizá valga el esfuerzo a largo plazo; avancemos y veamos si conseguimos algo más adelante". Estos piadosos esfuerzos son presa fácil de la gente a quien le gusta desempeñar el rol de asesino del cambio, al acecho de una oportunidad para dar el zarpazo; son los empleados de nivel medio que se sienten cómodos con lo establecido. No permita que su proyecto sea víctima de un asalto.

3. Usted tiene que adueñarse, apersonarse... ¿verdad?

Alguien debe lograr el cambio y asumir la responsabilidad de todo lo que se produzca con él (sea que pueda anticiparse que es manejable o no). Alguien debe identificarse claramente con el proyecto, no sólo cuando esté de moda, represente muchas esperanzas y cuente con los mejores participantes, sino también cuando la gente empiece a disgustarse y los mejores elementos dejen de trabajar en algo que "rendirá sus frutos más adelante". Alguien tiene que cargar con la responsabilidad, ser el chivo expiatorio, porque muchas personas en las organizaciones actuarán al estilo de "quién se queda con la silla del juego". Alguien debe hacerlo, sin duda. ¿Alguien tiene alguna idea?

4. Usted tiene que ser realista... ¿no es así?

El cambio bien puede ser tan doloroso y costoso para usted, si no es peor, como para la gente que lo rodea. El dolor y el costo vendrán antes, durante o después del proyecto de cambio, pero llegarán. ¿Es usted bastante resistente para tolerarlo? El realismo se logra aceptando la cantidad de trabajo necesaria para mantener a individuos y organizaciones de conformidad con la visión del cambio, cuando sus instintos los incitan a regresarse a la forma antigua de trabajar. ¿Es usted lo bastante fuerte para mantenerlos hacia adelante?

5. Usted tiene que saber qué hay en el camino del cambio... ¿de acuerdo?

Fascínese con los hábitos, prácticas y comportamientos actuales que se resistirán al cambio. Conózcalos íntimamente. ¿Cómo llegaron allí, cómo se han reforzado? ¿Qué les dan a las personas que los apoyan? ¿Cuál es su estrategia: atacarlos de frente o ignorarlos por completo (cualquiera que sea la apropiada)? Usted tiene que usar los principios darwinianos: darle poder al fuerte y quitárselo al débil. En este contexto, fuerte representa todos los aspectos positivos que usted quiere alcanzar. Prémielos, recompénselos, refuércelos, celébrelos, repítalos, repítalos, repítalos, divúlguelos cuando sucedan. Usted tiene que modificar los antiguos comportamientos cuando se presenten y dejar muy en claro por qué los corrige.

6. Usted tiene que ser positivo... ¿verdad?

La actitud y la confianza en sí mismo son conductores clave del cambio. No participe en el juego del "pero" o "quizá". La duda se ríe del cambio. Trate de que el miedo no lo saque del camino.

7. Usted tiene que ser optimista... ¿de acuerdo?

A Thomas Watson, fundador de IBM, se le atribuye esta frase: "si usted quiere alcanzar la excelencia, puede lograrlo hoy; desde este instante está haciendo bastante menos que un trabajo excelente". Decidirse a hacer cualquier cambio requiere un instante; mantenerlo es el desafío. Al mismo tiempo, usted tiene que saber que el cambio puede suceder ahora –puede que no dure toda la vida– porque usted se desanimará (y quienes están a su alrededor) si decide que solamente estará satisfecho cuando haya alcanzado la meta definitiva. La mayoría de los programas de cambio estándar son largos y complejos. Algunos son tan extensos que hay una gran posibilidad de que usted no esté para ver su final. Algunas metas del cambio se modifican incluso cuando el proyecto se ha iniciado. De modo que requiere fijarse tanto en el recorrido como en el punto de llegada.

8. Usted tiene que estar consciente... ¿de acuerdo?

Tome conciencia preguntando:

- ¿Qué nos está llevando hacia la meta?

- ¿Qué pasó la semana anterior que no nos dejó avanzar, o que nos regresó a antiguos caminos sobre los que acordamos que queríamos cambiar?

- ¿Qué podemos hacer específicamente cada uno de nosotros la semana próxima que nos lleve hacia nuestra meta?

9. Usted tiene que permitir que suceda... ¿no es cierto?

Parece una contradicción decir, como yo lo hago, que un sentido claro de lo que usted quiere lo lleva en una dirección y con un propósito de motivación y, luego, decir también que deberá abandonarse a lo que suceda. Permitir que su propósito se despliegue a voluntad es una exhortación a permanecer flexible. Esa es la razón para que mantenerse consciente de lo que está sucediendo a su alrededor, a medida que avanza por el camino de la alineación, sea tan importante como ubicar la visión en el primer lugar. El asunto en cuestión es que, a menos que usted se mantenga aislado y flexible, puede perder oportunidades para aprender cómo alcanzar la misma meta más rápido, con más inteligencia, mejor. Aunque la verdad es que se perderá lo divertido. Existen muchas razones para ser disciplinado, consciente, "profesional". No hay razón para volverse obsesivo y rígido.

10. Usted tiene que ser agradecido... ¿de acuerdo?

Usted debe ser agradecido con lo que ocurra, ya que incluso un resultado negativo o un poco de resistencia le enseña algo que de otro modo no obtendría en el sitio en donde se encuentra. Así mismo, tiene que ser agradecido con los demás, ya que raras veces el cambio se presenta como un hecho aislado. A través de los esfuerzos, las ideas y aún la salida de alguien más (en el caso de los posibles opositores al cambio), usted ha triunfado. Sería una grosería no ser agradecido y probablemente perjudicará sus oportunidades de tener éxito la próxima vez.

P: ¿Cuánto tiempo requiere el cambio?

R: ¿Cuándo se puede decir de alguien que ha sido fumador consuetudinario que ha dejado este vicio? ¿En el momento de la decisión? ¿Después del primer día? ¿Después del primer mes, cuando se dice que las peores ansias se han aquietado debido al cambio en la química del cuerpo? Se dice que un alcohólico siempre está *en recuperación* pero nunca que se *ha recuperado*, sin embargo, eso no niega el logro de cada día sin embriagarse. ¿También funciona este concepto en el cambio organizacional?

Respuestas inteligentes a preguntas difíciles

Veamos la historia de Semco. Ricardo Semlar, un estelar CEO brasileño y autor del libro *Maverick*, cambió radicalmente la forma de operación de su compañía, Semco, al implementar algunas sorprendentes prácticas de *empowerment* cuando la mayoría de los directores de recursos humanos de Europa todavía estaban inquietos por el significado de la palabra.

Semlar admitió que había cambiado con éxito el comportamiento de su personal. Ellos actuaban de una manera que era más madura, responsable, autodirigida, con capacidad de decisión, más rápida que antes de su llegada, y que esto había tenido beneficios en extremo positivos para la salud y el desempeño de su compañía. La mayor parte de los programas de cambio se dirigen a modificar el comportamiento como la prueba única y final de que el cambio es real, pero Semlar tenía sus dudas acerca de lo que había ocurrido en las actitudes subyacentes de su personal. Él confesó que pensaba que sus empleados se estaban comportando de la nueva manera indicada, realmente porque les *había dicho* que lo hicieran (y en efecto, amenazó con declararlos insubsistentes si no lo hacían). En ese sentido, la conclusión fue que él había influido en ellos para cambiar exactamente de la manera como cualquier jefe puede lograr comportamientos negativos: obligándolos a complacerlo.

"De manera que ¿cuánto tiempo cree usted que se necesitará para que las actitudes subyacentes cambien e igualen el comportamiento, para conseguir que ellos se comporten de esa manera porque quieren hacerlo por sí mismos?" se le preguntó.

"Oh", dijo Semlar, "creo que una generación...".

En otras palabras, el cambio puede suceder en un instante y también puede tomar un desagradable largo tiempo.

Ahora que comprendemos con mayor claridad cuáles actitudes y comportamientos de cambio son más apropiados, es tiempo de ubicarlos en el contexto de cómo está ocurriendo el cambio en el mundo.

Una breve historia del cambio

Casi todas las teorías o ideas guía de administración están asociadas con el control de la velocidad, la conducción o el impacto del cambio en las organizaciones. A continuación se citan cinco de los avances principales que se presentaron en el siglo XX, acerca del mejoramiento organizacional:

Frederick Taylor: Administración Científica (c. 1911f)

Dirigida al diseño y ejecución de diferentes tareas, optimizando la eficiencia y la productividad; administración por la teoría de establecer índices de producción como estándares para la industria (en lugar de ser específicos para la compañía).

Max Weber: "La Escuela Clásica (Administrativa)" (c. 1920f)

Un enfoque similar menos emotivo para mejorar el desempeño, en esta ocasión a nivel de la organización y no por tarea individual. Enfoque con carácter militar, burocracia bien dirigida; el individuo como el engranaje de una máquina que sigue órdenes a través de una "cadena de mando". Probablemente, la diversión no se detiene.

Chester Barnard: "La Escuela de las Relaciones Humanas" (c. 1924f)

Sugirió que las organizaciones no eran máquinas o motores sino entes cooperadores; enfatizó en el rol y la importancia de las relaciones sociales, el impacto de la jerarquía, la solidaridad, etc. Dio origen a un nuevo entendimiento de la psicología en el trabajo, la dinámica de grupo, la motivación, etc. Probablemente fue el lugar de nacimiento del trabajo en equipo, el *empowerment*, las organizaciones que aprenden, etc.

Deming, Juran et al.: Gerencia de la Calidad Total (TQM) (c. 1949f)

La primera teoría administrativa verdaderamente enfocada hacia el cliente; cero tolerancia al desperdicio; mejoramiento continuo de herramientas, procedimientos, calidad del producto, de todo; trabajo en equipo a través de la cadena de valor desde el empleado hasta el proveedor; quizás el "secreto" detrás del milagro económico japonés de la posguerra; se desarrollaron muchos métodos dirigidos hacia la eficiencia: producción ajustada, fabricación justo a tiempo, reducción del tiempo del ciclo.

Hammer, Champy: Ingeniería del Proceso de Negocios (c. 1993f)

"...el rediseño radical de los procesos de negocios para lograr un enorme mejoramiento (incremento de la TQM) en medidas vitales como costo, calidad, servicio, etc.", alta promesa, alto riesgo, altos costos, resultados mixtos; sustituir a los iconoclastas; para muchos un ajuste de tamaño realizado sin miramientos a nombre de la ingeniería del proceso de negocios.

2

Cambiar las organizaciones en un mundo cambiante

"En la actualidad, el manejo del cambio ya no es el principal problema para las organizaciones. Es el manejo de la sorpresa".

Marquardt & Reynolds, The Global Learning Organization

En un estudio entre 200 gerentes de nivel senior en el Reino Unido se encontró que 40% de ellos afirmó que necesitaría reestructurar sus organizaciones cada seis a doce meses; otro 41% dijo que esto tendría que hacerse cada dos o tres años. Consultores de la firma conocida entonces como Coopers & Lybrands se tropezaron con una compañía que en ese momento tenía vigentes 78 iniciativas de cambio.

"Manejar el cambio" es la realidad más ruda y agotadora de las organizaciones actuales. Si usted inicia y sigue una carrera en negocios, se le pedirá en algún nivel de responsabilidad o de experiencia que dirija el cambio o usted se convertirá en el sujeto pasivo a quien el cambio dirige. De cualquier manera, usted no va a evitarlo.

El mundo se está desplazando de izquierda a derecha (*véanse* recuadros). Parecería que la derecha es indiscutiblemente un mejor sitio para vivir y trabajar. Habiendo dicho esto, en realidad ¿necesitamos películas de televisión tan rápidamente? ¿Es tan intensa nuestra impaciencia ante algo viejo que Sony pensó en desarrollar 227 versiones de su *walkman* desde 1992 (un promedio de uno cada tres semanas)? ¿En verdad necesitaba el consumidor de los Estados Unidos 64 nuevas variedades de salsa de espagueti sólo en 1991?

Únicamente las cifras de Tom Peters son incuestionables. La otras columnas a la izquierda y la derecha denotan tendencias en lugar de realidades diferentes y hay muchas compañías que tienen valores tanto en la columna de la izquierda como en la de la derecha.

Cómo está cambiando el mundo 1

Usted debe darle la bienvenida al cambio como la norma pero no como su gobernante:

Ayer	Hoy
recursos naturales definieron el poder	el conocimiento es poder
la jerarquía era el modelo	la sinergia es la orden
líderes que mandaban y controlaban	líderes que otorgan *empowerment* y que dirigen
los líderes eran guerreros	los líderes son facilitadores
los líderes exigían respeto	los líderes estimulan el respeto hacia sí mismo
los accionistas estaban en primer lugar	los clientes están en primer lugar
los gerentes mandaban	los gerentes delegan
los supervisores aumentaban	los supervisores desaparecen
los empleados recibían órdenes	los equipos toman decisiones
antigüedad significaba estatus	la creatividad conduce al progreso
la producción determinaba la disponibilidad	la calidad determina la demanda
el valor era adicional	el valor lo es todo
a todos se les consideraba competidores	a todos se les considera clientes
las utilidades se ganaban a través de ventajas momentáneas	las utilidades se ganan con integridad

Tomado de *Empires of the Mind*, Denis Waitley

Cómo está cambiando el mundo 2

Olvide los planes a cinco años, intente con planes a cincuenta días.

Estrategia de producción (viejo mundo)	**Estrategia de innovación (nuevo mundo)**
mantener las entregas y minimizar los costos	cambio con dolor mínimo
supresión de la identidad personal	reconocimiento de la identidad personal
cumplimiento y observación de las normas	independencia, infringir las normas
lealtad a la firma	lealtad hacia sí mismo
pensamiento convergente	pensamiento divergente
indiferencia ante los valores corporativos	compromiso con los valores corporativos
bajo riesgo, certidumbre	alto riesgo, fe
mantener el *statu quo*	cambiar el *statu quo*
motivación con premios físicos	motivación con premios psicológicos
amor a los premios	amor a la empresa

Tomado de *Managing Continuous Change*, ITMP Wentworth Research Report, 1995

Cómo está cambiando el mundo 3

Nada significativo cambiará en la esfera organizacional a menos que se logre una transformación personal.

Inclinación personal:

crear un nuevo estándar de vida	crear un nuevo estándar para vivir
autogratificación	autoconocimiento
conseguir	dar
poder sobre los demás	poder compartido
énfasis en la familia	énfasis en comunidad/entorno
codicia	investigación
imagen	integridad
éxito	importancia

© Resonate inc., firma de consultoría, Ohio

> *Cómo está cambiando el mundo 4*
>
> ¡Olvídese del cambio! La palabra es inadecuada. Manténgase diciendo "revolución".
>
> Citado en *The Tom Peters Seminar*, Vintage, 1994

En verdad ésta es una era de la Compañía Rápida, en donde la innovación rige y a las personas se les valora genuinamente por su talento y potencial. También es verdad que es una era de viejas culturas tóxicas. Estamos entre dos épocas. La nuestra es una combinación de ambas y el entorno, no la expresión de una sola.

Sin embargo, vale la pena que el Maestro del Cambio Inteligente se tome un momento para entender cuáles son los cambios que nos están forzando a salir de la columna de la izquierda e ingresar a un nuevo mundo.

Citas para citar

Tempora mutantur et nos mutamur in illis

(Los tiempos cambian, y nosotros cambiamos con ellos).

Correr rápidamente para permanecer fijos: mantenerse a la par con las fuerzas del cambio

El cambio es constante. Avanza todo el tiempo. Se está moviendo más rápido. Todo es difícil, todo es confuso. Los que conocemos en la empresa están demasiado ocupados, ¿no es cierto? Todos quieren más tiempo, ¿verdad? Un asunto complicado.

¿Qué contribuye a las estresantes y aterradoras oleadas de cambio inexorable? A continuación se relacionan algunas de las tendencias actuales que están haciendo que su propia experiencia de vida y trabajo sea radicalmente diferente de la de sus padres (y, posiblemente, de la de su CEO):

- cambio en el quehacer político

- resquebrajamiento de las grandes instituciones

- la tecnología permite la conexión global al instante

- sobrecarga de información

- competitividad extrema, incluso a través de las fronteras internacionales

- aumento del libre comercio entre las naciones

- presiones ecológicas y del medio ambiente

- cambio en la organización social; desplazamiento de los roles de la familia

- la más alta calidad posible es la norma

- gran expansión del proceso corporativo de toma de decisiones

- se desafía y cuestiona más abiertamente a la autoridad

- las expectativas del empleado son mucho mayores

- los clientes son más exigentes e inteligentes

- ritmo de vida más rápido

En respuesta a un mundo cambiante, las compañías tratan de adaptarse con:

- fusiones y adquisiciones

- globalización

- ingeniería del proceso de negocios

- TQM

- competencias modulares

- enunciados de los valores y la misión

- gerencia por objetivos

- *outsourcing*

- reducción de tamaño y crecimiento al tamaño apropiado

- *benchmarking*

- *empowerment*

- equipos

- servicio al cliente

- el nacimiento de la compañía

La manera popular de analizar enfoques como los que se han indicado es califi-cándolos como "caprichos de la moda administrativa". La sugerencia es que se imponen clandestinamente a los sufridos empleados de organizaciones dirigidas por jefes que ya han sido embaucados por algún locuaz consultor gerencial.

Llámenme defensor –después de todo yo puedo ser otro locuaz consultor gerencial– pero no creo que las organizaciones estén tan indefensas como este popular resumen lo sugiere. La idea de organizaciones faltas de inteligencia y vitalidad que han vaciado sus presupuestos en manos de asesores charlatanes es un mito absurdo, y niega la realidad alterna –y en mi opinión más precisa– de que las compañías, en lugar de estar agobiadas por el creciente ritmo de los negocios, demuestran una energía y optimismo despiadados para buscar nuevas formas de avanzar. Decir "es apenas otro capricho de la moda gerencial" es una salida fácil, que evita hacer los esfuerzos apropiados para asumir la responsabilidad por los resultados.

Nota: una buena manera de garantizar que usted en verdad hace de su esfuerzo de cambio "sólo otro capricho de la moda gerencial" es implementarlo con rapidez y facilidad, en un libro o en la cabeza de su consultor, sin un análisis amplio y profundo acerca de la manera como se ajustará la metodología del cambio y cómo afectará su organización en el estado en que se encuentra, con todas sus fortalezas y debilidades, cultura e historia. El contexto lo es todo.

El Maestro del Cambio Inteligente sabe que cada uno de estos "caprichos" de hecho representa un intento honesto por encontrar una mejor manera de competir y sobrevivir. Todos tienen una visión perfecta con una retrospectiva, y cada experimento aumenta nuestra capacidad para aprender a partir de la última idea e implementar de un mejor modo la siguiente. Lejos de ser experimentos ociosos de líderes decadentes y enloquecidos por el poder, cada nueva teoría nos recuerda que existen pocas opciones en el hipercompetitivo mundo moderno diferentes a las de tratar algo, una vez más, con sentimiento. La otra opción real es el olvido. Permanecer quieto es la muerte.

En la época antigua de los negocios, los fundadores lúcidos tomaban cualquier decisión que fuera necesaria y organizaban a empleados muy dóciles y tontos para realizar de manera eficiente las tareas requeridas. El moderno entorno de los negocios está tan lejos de ello que las organizaciones pueden y deben luchar continuamente por:

• acelerar el desarrollo de la innovación de producto y de proceso

• anticiparse y adaptarse a los cambios del entorno

- volverse más eficientes, aprendiendo de los competidores y los colaboradores

- estar más cerca del consumidor para satisfacer los deseos del cliente y acumular información del mercado

- agilizar la transferencia de conocimiento a través de toda la organización

- aprender más efectivamente de sus errores

- lograr el desempeño máximo de los empleados, en todos los niveles

- reducir el tiempo requerido para implementar decisiones estratégicas

- estimular el mejoramiento continuo en todas las áreas de la compañía

(Lista adaptada de *The Global Learning Organization*)

De manera que la organización está tratando de responder a un entorno cambiante. Sin embargo, ¿cómo ocurre el cambio en las organizaciones?

Respuestas inteligentes a preguntas difíciles

P: ¡Oh, no! ¿No es otra gran idea en los bolsillos de los consultores...?

R: Me gustaría escuchar su análisis de las debilidades de este plan. Nosotros podemos fallar y, si hemos olvidado algo, nos alegraremos de recibir su retroalimentación. Hemos tomado una decisión madura en el sentido de que la ayuda externa nos mantendrá en curso para este cambio y disminuirá nuestras posibilidades de cometer errores innecesarios. El cambio es difícil, y siempre es una buena idea contar con un aliado, incluso si usted tiene que pagar por uno. De nuevo, si usted puede decirme cómo podemos cosechar algunos de los mismos beneficios a nuestro favor, estaremos felices de escucharlo.

Sobre la complejidad del cambio organizacional: cuatro modelos de cambio generalizados

Andrew Van de Ven de la Universidad de Minnesota, y Marshall Poole, de la Universidad de Wisconsin, emprendieron una extensa revisión de la literatura interdisciplinaria para descubrir los muchos conceptos, metáforas y teorías utilizadas para explicar el cambio. Encontraron cuatro modelos básicos subyacentes* sobre los cuales parecen constituirse las teorías del cambio organizacional más difundidas:

1. El modelo de fijación de metas

La organización establece un resultado deseado y moviliza los recursos para alcanzarlo. Éste es el modelo de cambio más común en los negocios.

2. El modelo del ciclo de vida

En él se refleja el patrón secuencial de nacimiento, crecimiento, madurez, descenso y muerte que tienen todos los seres vivos. El cambio se presenta en todas las etapas, pero con frecuencia está más marcado en la transición de una etapa a otra. Esa es la razón por la cual los seres humanos hacen cosas como celebrar "ritos de acontecimientos" del nacimiento, la pubertad, la edad adulta, la jubilación y el funeral.

3. El modelo de las fuerzas competitivas

El tercer modelo supone un mundo en donde eventos, fuerzas y valores entran en conflicto entre sí por lograr el dominio. El cambio o la estabilidad son el resultado de la lucha por el poder entre los entes opuestos. Es un modelo en donde se demuestran todas las confusas luchas, negociaciones y compromisos en que a diario se ven envueltas las organizaciones.

4. El modelo de la evolución biológica

En éste, el cambio se presenta en un ciclo de variación, selección y conservación continuas. La variación ocurre de manera natural y aleatoria. La selección está determinada por la competencia en procura de los recursos escasos y el ajuste al entorno. La conservación se logra a través de fuerzas (incluida la inercia) que mantienen y perpetúan las formas existentes. Los periodos de evolución gradual pueden acentuarse de repente por momentos de cambio agudo.

[*Síntesis adaptada de *Managing Change*, The Antidote, Issue 14, CSBS]

Poole y Van de Ven sugieren que el principal peligro está en asumir que solamente un modelo es correcto. Lo más probable es que quizás usted reconozca que los cuatro tipos de cambio se presentan en su organización a la vez.

Démosle de nuevo una mirada más cercana a cada uno de ellos.

Modelo 1: el cambio como un objetivo

Por tradición, las organizaciones que están cómodas con una orientación por tareas, favorecen el primer modelo, y ciertamente es mucho lo que puede hacerse para crear el cambio y garantizar que usted está aplicando la disciplina, inteligencia, destreza e impulso correspondientes a lo que hace. La idea consiste en que una organización es como una máquina, lógica, física, estructurada y dirigida por un líder situado en la cima. Es un mundo de gerencia de proyecto: establecer su producción, evaluar sus riesgos, administrar sus recursos con implacable eficiencia para cumplir con los límites de tiempo del proyecto. Aunque la primacía de este modelo la cuestionan gradualmente los otros tres, aún sigue siendo en el que usted más posiblemente participará en las organizaciones más tradicionales.

Modelo 2: el cambio como un ciclo

El segundo modelo de Poole y Van de Ven nos recuerda que las cosas no siempre se presentan en una forma lineal como lo implica el primer modelo. Más aún, si las organizaciones están constituidas por personas, entonces, ¿con seguridad ellas deben tener más cualidades de seres vivos que una máquina racional?

El segundo modelo trata de restaurar el equilibrio. El cambio se presenta en ciclos lo mismo que en líneas rectas, y no todas en secuencia. De hecho, *todo* ocurre en ciclos de vida: departamentos, pautas de orientación del pensamiento, poder político. La gente de su organización se encuentra en diferentes etapas del ciclo. Estarán participando en proyectos competitivos que se hallan en distintas etapas: una misma persona podría estar en la etapa de nacimiento en uno de sus proyectos, en la de madurez de otro y superando los días de terminación de un tercero. Como en cada etapa se requieren diferentes estilos, actitudes y energías, usted puede entender por qué las personas se quejan de la "fatiga del cambio". Ésta no procede sólo de la cantidad de modificaciones que una compañía trata de hacer, sino de las complejidades y persistencia del cambio en todos los aspectos del trabajo de la organización.

A nivel individual, con frecuencia las personas están en distintas etapas de su propio ciclo. Algunos de sus colegas están al borde de terminar su carrera, mientras que otros apenas están comenzando. Algunos enfrentarán retos de identidad y autoestima fuera de su trabajo, que tendrán un impacto en su comportamiento dentro de él. La comunicación debe tratar a cada persona como un individuo.

Charles Handy presenta su propia versión del ciclo del cambio con su Curva Sigmoidea, que alude a la historia simple de ascenso y caída, de los altibajos. Todas las personas viajan a lo largo de dicha curva: imperios, productos, relaciones, y parecen hacerlo con una velocidad cada vez más creciente.

Citas para citar

El lugar correcto para comenzar esa segunda curva es el punto A, en donde está el tiempo, lo mismo que los recursos y la energía, para lograr la nueva curva a través de las exploraciones iniciales con ella y avanzando con dificultad antes de que la primera curva empiece a descender. Esto parecería obvio, salvo por el hecho de que en el punto A todos los mensajes que llegan al individuo o a la institución señalan que todo marcha bien, que sería insensato cambiar cuando las fórmulas actuales están funcionando muy bien. Todo lo que sabemos del cambio, sea personal o en las organizaciones, nos dice que la verdadera energía para cambiar únicamente surge cuando usted está frente a un desastre, en el punto B de la primera curva. Sin embargo, en ese punto se requiere un enorme esfuerzo para salir por los propios medios y llegar hasta donde, en ese momento, se debería estar en la segunda curva. Para empeorar las cosas, los líderes actuales están desacreditados porque se les considera responsables de haber llevado a la organización cuesta abajo... Quizás una buena vida sea una sucesión de segundas curvas...

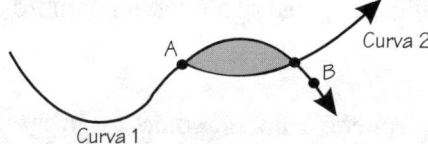

Tomado de *The Empty Raincoat*

El secreto, afirma Handy, está en comenzar una nueva curva sigmoidea antes de que la primera comience a desaparecer paulatinamente.

El modelo de ciclos de Poole y Van de Ven y la Curva Sigmoidea de Handy nos indican que debemos considerar lo que sucede cuando dos o más ciclos (o curvas) se sobreponen. Se tienen cinco implicaciones:

Parecería un tonto por atreverme a sugerir que ahora es el momento para que cambiemos. La alternativa es hacer justo lo que siempre hacemos. Esperamos que todo se derrumbe, arrastrándonos para salir del naufragio y decir: "¡Yo sabía que eso iba a suceder!"

Ideas inteligentes acerca del cambio

- Sin un sentido de que todos estén trabajando para un mayor bienestar de todos y para la organización en su conjunto, los ciclos pueden causar conflictos y competencia.

- Quienes lideran el primer ciclo deben mantenerse al lado por suficiente tiempo para respaldar los esfuerzos de quienes apenas se están lanzando en la nueva curva.

- Los líderes del primer ciclo deben continuar su trabajo aunque estén dirigiendo el descenso y puedan estar propiciando su propia salida.

- Quienes dirigen el primer ciclo probablemente no serán quienes dirijan el segundo. (Escoba nueva...).

- La superposición de ciclos puede ser un periodo de confusión, por cuanto lo viejo parece contradecir lo nuevo y viceversa. Es tiempo para pensar en éste y el otro, y no en uno u otro. "Necesitamos el sistema hereditario y necesitamos los nuevos programas". Es tiempo para emitir un juicio sensato y sólido, especialmente cuando las personas pueden estar clamando por una segunda curva nueva y actual, en descuido y detrimento de la primera.

Modelo 3: el cambio como un sistema orgánico en equilibrio estable

La imagen de una compañía como un sistema orgánico va un paso adelante con el tercer modelo de Poole y Van de Ven, en donde el sistema siempre tiende hacia el equilibrio, dirigido por la necesidad de adaptarse a su entorno cambiante.

El cambio se presenta bien sea a través del mejoramiento constante o porque la organización entiende que no está en equilibrio con el mundo exterior y rápidamente crea una nueva estructura con su propio equilibrio.

La firma de consultoría McKinsey produjo la imagen más famosa de un sistema como éste con su modelo de las 7-S, en donde traza un patrón de siete círculos: los siete principales atributos de una organización: estructura, sistemas, estilo, personal, destrezas, estrategia y metas superordenadas, que se mantienen en equilibrio mediante una red de fuerzas y tendencias interconectadas.

Las implicaciones más fuertes del modelo de sistema orgánico son:

Personas inteligentes que debe tener a su lado:

Richard Pascale

"Si no está roto, rómpalo".

Richard Pascale convirtió su nombre en uno de los cuatro de un equipo de consultores y académicos que desarrolló el marco de referencia conocido como las 7-S (del inglés, *strategy, structure, skills, staff, shared values, systems y style* [estrategia, estructura, destrezas, personal, valores compartidos, sistemas y estilo]) que en cualquier compañía se afirma que cuentan con la misma consideración. El interés de Pascale en el "milagro económico japonés" de los años de la posguerra lo llevó a sugerir que el éxito de Japón se basaba en su respeto e inversión en las "S blandas": destrezas, personal, valores compartidos y estilo, mientras que Occidente se centraba principalmente en las "S duras": estrategia, estructura, sistemas. Más adelante, Pascale defendió el ideal japonés como una razón viva y energizante, orientada por acciones; por ejemplo, el *Encircle Caterpillar* de Kamatsu, en oposición a las imperturbables generalizaciones que tipifican los esfuerzos occidentales en la visión.

El trabajo más reciente de Pascale ha sido en transformación corporativa, que requiere el involucramiento y compromiso de todos los elementos pertenecientes a la organización. Los programas de cambio tradicionales, afirma Pascale, están limitados por el pequeño número de personas que en realidad los dirigen.

- Que las épocas de relativo equilibrio deben ser las de mayor aprendizaje, nuevas selecciones, mejoramiento del proceso y desarrollo de la capacidad. En esta forma, la organización puede estar mejor preparada para el siguiente periodo de turbulencia cataclísmica.

- Que la tendencia hacia el equilibrio también puede ser una tendencia hacia la complacencia, la inercia y la "ceguera del mercado".

Modelo 4: el cambio como desarrollo biológico

Este modelo incorpora el más reciente conocimiento relacionado con la física cuántica, la nueva biología y la teoría del caos. Margaret Wheatley y Myron Kellner-Rogers en *A Simpler Way* (Berrett-Koehler, 1996) presentan una imagen cautivante de este mundo extraño, creativo e impredecible. Ellos proponen que el proceso de vida es lógico: "la lógica del juego".

Si el primer modelo –la compañía como una máquina que produce resultados, un centro fijo en un mundo fortuito– podía considerarse como la imagen más estática de la organización, la imagen de Wheatley y Kellner-Rogers es, de lejos, la más vibrante y dinámica de todas. En lugar del antiguo paradigma de tratar de seguir a pesar de los cambios que suceden, este mundo considera a la organización como una forma inseparable de su entorno en constante movimiento.

Esto es suficiente para atemorizar a cualquier gerente de proyecto respetuoso y orientado hacia el control.

En los capítulos 10 y 11 pueden encontrarse algunas formas para sacar ventaja de este nuevo entendimiento científico acerca de los aspectos cada vez más sorprendentes y creativos de la vida en relación con las organizaciones; dichos capítulos se refieren a sostener el cambio en el aprendizaje y a hacer que el cambio sea divertido.

Citas para citar

Wheatley & Kellner-Rogers proponen siete elementos clave en la lógica del juego de la vida:

- *Todo es un constante proceso de descubrimiento y creación.* Todo está cambiando todo el tiempo: individuos, sistemas, entornos, reglas, procesos de evolución. Incluso el cambio también se modifica. Todos los organismos reinterpretan las reglas, crean excepciones para sí mismos, crean nuevas reglas.

- *La vida utiliza confusiones para lograr soluciones bien ordenadas.* La vida no parece compartir nuestros deseos de eficiencia o buen aspecto. Utiliza redundancias, borrones, densas redes de relaciones e interminables series de ensayo y error para encontrar qué funciona.

- *La vida es un intento por encontrar qué funciona y no qué es "correcto".* Es la capacidad para encontrar soluciones lo que resulta importante; una solución única es temporal. No hay respuestas permanentemente correctas. La capacidad para mantenerse cambiando, para encontrar qué funciona ahora, es lo que mantiene vivo a cualquier organismo.

- *La vida crea más posibilidades cuando se relaciona con oportunidades.* No existen "ventanas a la oportunidad", o aberturas estrechas en el tejido espacio-tiempo que pronto desaparezcan para siempre. Las posibilidades traen más posibilidades; son infinitas.

- *La vida tiende hacia el orden.* Se experimenta hasta que se descubre cómo formar un sistema que pueda sostener a diversos miembros. Los individuos buscan un amplio espectro de posibles relaciones para descubrir si ellas pueden organizarse en un sistema que sostenga la vida. Estas exploraciones continúan hasta que se descubre un sistema. Entonces, éste brinda estabilidad a sus miembros, de modo que los individuos son menos vapuleados por el cambio.

- *La vida se organiza alrededor de la identidad.* Todo ser viviente actúa para desarrollarse y preservarse. La identidad es el filtro que todo organismo o sistema utiliza para darle sentido al mundo. Nueva información, nuevas relaciones, entornos cambiantes, todos son interpretados a través de un sentido de sí mismo. Esta tendencia es tan fuerte que crea una paradoja supuesta. Un organismo cambiará para mantener su identidad.

- *Todos participan en la creación y evolución de sus vecinos.* No hay extraños que no se vean afectados. Ningún sistema impone condiciones a otro. Todos participan juntos en la creación de las condiciones de su interdependencia.

Margaret Wheatley y Myron Kellner-Rogers, *A Simpler Way*

> Ya no tiene validez la opción que consiste en sólo evitar los riesgos. También ha dejado de ser una opción efectiva el aumento de los cambios a través de pequeños ajustes. Vamos a ver muy de cerca los supuestos y las creencias que orientan nuestra empresa. Vamos a dar una mirada más allá de los síntomas para determinar algunas de sus causas profundas.

Ideas inteligentes acerca del cambio

Estructura profunda, cambio profundo

Los cuatro modelos de cambio plantean una pregunta: ¿exactamente qué estamos cambiando?

Uno de los más grandes adelantos en el pensamiento organizacional está en comenzar a entender el rol de la cultura corporativa y la "estructura profunda" para deshacer o crear el cambio.

Ambas ideas sugieren que lo que vemos de las organizaciones (la manera como ellas operan, los comportamientos, las interacciones, los estilos, los procesos y sistemas, los objetivos y medidas) son los aspectos que se cambian con más facilidad en cualquier programa de cambio. Lo que se encuentra "debajo de la superficie" –es decir, los valores, supuestos y creencias que informan e influyen en esos signos visibles– es más difícil de cambiar.

El comportamiento, por ejemplo, es superficial. Puede ejecutarse. Yo puedo obligarlo a cambiar su comportamiento cuando le pongo un arma en la cabeza, pero no debo sorprenderme si usted regresa a sus anteriores comportamientos cuando retiro el arma. Si en realidad quiero que el cambio penetre, necesito llegar a sus valores, creencias y suposiciones, por cuanto ellos son los que informan y controlan su comportamiento, y no al contrario. Necesitaré más que un arma para cambiarlos, ya que usted los ha estado desarrollando y poniendo a prueba desde el momento en que empezó a tener conciencia. Están profundamente enraizados. Son difíciles de desplazar, incluso aunque usted quisiera cambiarlos.

Del mismo modo, las organizaciones han encontrado que crear el cambio a nivel de la superficie con diferentes motivadores del tipo de la zanahoria y el garrote, solamente conduce a resultados temporales y triviales.

El incremento en el cambio en tiempos estables solamente requiere una adaptación gradual del comportamiento y los procesos corporativos. El mejoramiento constante es suficiente y es un proceso muy racional. El entorno de negocios actual está presentando retos tan grandes que afectan la naturaleza misma y el propósito de algunas organizaciones. Esto requiere un "cambio profundo", es decir un cambio debajo de la superficie en el nivel de las creencias y valores. Esto no es racional, pero estimula emociones poderosas: miedo, pérdida, abandono, rendición, muchas de las cuales en verdad persuaden al individuo o la institución de que el *statu quo* es "mejor".

Citas para citar

"En nuestro mundo de hipercambio, si la cultura organizacional, la estructura profunda, no cambia, reducir de tamaño [u otra estrategia de cambio] es sólo un dilema a corto plazo. No aborda el problema real. El problema real simplemente se mantiene restableciéndose a sí mismo".

Tomado de *Deep Change*, Robert E. Quinn

Voces inteligentes

Nosotros pensábamos que éramos tranquilos y modernos. Sin embargo, ahora entiendo que éramos increíblemente arrogantes. Y que no era un comportamiento superficial, es decir, personas inteligentes que se comportaban odiosamente. Era algo que estaba en las creencias subyacentes de la compañía. Teníamos como política no hablar nunca para presionar a los grupos. Solamente los anulábamos de la ecuación. Fijábamos el mismo contrato de servicio para todos los proveedores y exigíamos obediencia. Ahora veo que éstas eran sencillamente manifestaciones de una creencia fundamental que decía "cuando controlamos, ganamos". Incluso el hecho de que estuviéramos orgullosos de emplear a la gente "de por vida", ahora lo veo como una expresión, aunque benigna, de nuestro deseo de dominar el mundo. Si teníamos personas de por vida, podíamos controlarlas de por vida. Era como si estuviéramos tratando de diseñar prediciendo.

Ex director de Marketing de una compañía petrolera internacional

Con frecuencia, las creencias fundamentales que dirigen las organizaciones no residen en ninguna persona o personas. Por el contrario, describen la verdad esencial sobre la cual se basan todas sus interacciones con el mundo exterior; por ejemplo, *el éxito se obtiene a través del control; el éxito se obtiene a través del poder*. Estas creencias fundamentales se encuentran sutilmente reflejadas en todos los aspectos de una organización, incluso aquellos que parecen positivos.

Claro está que usted nunca habrá encontrado estas creencias como anuncios en el folleto de presentación de la corporación, no sólo porque no son muy amigables con el cliente, sino porque se requiere de un nivel de conciencia superior y de un intenso trabajo para sacar a la superficie las creencias fundamentales (y la mayoría de las organizaciones no se molestan en hacerlo). No obstante, estas creencias están allí aunque hace mucho tiempo dejaron de ser útiles. "El éxito a través del control" es difícilmente una creencia fundamental en el mundo de las columnas a la derecha en la página 23, cuya creencia fundamental podría sintetizarse como "el éxito a través de las relaciones" o "el éxito a través de la interdependencia".

El cambio es fundamentalmente difícil en las organizaciones porque fundamentalmente éstas han sido creadas para organizar, sistematizar, controlar entradas y resultados, reducir posibilidades indeseables. El mundo ya no es así –y la vida nunca lo fue, afirman Wheatley & Kellner-Rogers– y las organizaciones no prosperan si tienen estas creencias anticuadas acerca del control y el poder. Sin embargo, las tienen porque se requiere bastante tiempo para modificar la estructura profunda. Muchas empresas establecidas desde tiempo atrás mantuvieron creencias fundamentales que les sirvieron bien en un mundo más estable. Al igual que como las personas, encontraron difícil dejar el pasado, particularmente si éste fue feliz y cómodo, y produjo resultados satisfactorios.

El cambio se volverá más fácil cuando se creen organizaciones para liberar, para dar *empowerment* y para maximizar las posibilidades que abrigan.

Entre tanto, el Maestro del Cambio Inteligente tiene que sentirse cómodo para operar en todos los niveles del cambio.

¿Qué tan profundo podría ser un cambio?
Cambiar el propósito de la compañía

"La única vaca sagrada en una organización debe ser su filosofía básica para hacer negocios... sus creencias".

Thomas Watson Jr.

En realidad esto ya no es correcto. (Entonces otra vez, ¿quién fue el que dijo que las vacas sagradas hacen más apetitosas las hamburguesas?). Todo lo "indiscutible" de una compañía debe enfrentarse: bien sea el comportamiento intimidante del director financiero, el hábito del CEO de evadir las confrontaciones o el propósito mismo de la empresa. (Dicho sea de paso, lo primero bien puede ser más difícil de contestar que lo segundo; la ayuda externa capacitada probablemente es necesaria para discutir temas indiscutibles como el estilo personal).

Éstos son los tiempos en que a muchas organizaciones se les está pidiendo cambiar todo. Están cambiando sus procesos y sistemas ante las demandas de nueva tecnología y las necesidades más elaboradas de los clientes, aunque eso siempre fue así. Las compañías están cambiando sus líneas de producto: M & S *no siempre* fue un proveedor de servicios financieros; vendía ropa interior femenina. Desde el cambio más reactivo en la práctica de las reuniones de una organización hasta el cambio que produzca la mayor transformación de su propósito y principios, las compañías *están* cambiando sus creencias.

De hecho, todas las compañías, tan pronto se constituyen e imponen en el mundo, expresan al menos seis creencias. Al hacer lo que hacen toman una postura en relación con los siguientes *continuums*:

- una creencia acerca de la naturaleza del negocio: ¿se refiere a la utilidad del accionista o a la influencia social?

- una creencia acerca de la naturaleza de la verdad: ¿es la verdad impuesta por los líderes corporativos o se descubre a través de las acciones de todos?

- una creencia acerca del valor de los seres humanos: ¿deben explotarse o debe invertirse en ellos?

- una creencia acerca del potencial de los seres humanos: ¿necesita obligárseles a trabajar o pueden expresarse a cabalidad en el trabajo?

- una creencia acerca de la naturaleza del trabajo: ¿se trata de completar las tareas (el *qué*) o de ayudar a la organización a aprender mejor (el *cómo* y el *porqué*)?

- Una creencia acerca de la naturaleza de la creatividad e influencia humanas: ¿se necesita controlarlas o impulsarlas?

Muchas organizaciones, particularmente las más grandes, están enfrentando la realidad de que cambiar las creencias fundamentales de esta clase es la única opción constructiva que les queda. Muchas organizaciones grandes ascienden al poder en un entorno más estable utilizando las palancas gemelas de poder financiero y lucidez intelectual de unos cuantos líderes. En estas compañías, las personas son las unidades básicas de la economía, verdaderos *recursos* humanos. Ahora estas mismas entidades están aprendiendo la lección de que únicamente mediante el respeto a su personal y dirigiendo la información y el poder para nivelar incluso hasta el último miembro del nivel más bajo, lograrán suficiente compromiso, flexibilidad y sinergia de equipo para mantenerse con vida.

IBM pasó de ser un arrogante y arcaico dinosaurio, que vivía en su propio mito de ser invencible, a una organización de servicio al cliente, amigable, rápida y brillante. Para lograrlo cambió sus sistemas, claro está, pero en definitiva tuvo que cambiar sus propias creencias acerca de lo que IBM era y tenía que ser.

Las creencias *pueden* cambiar. Con frecuencia, *deben* hacerlo.

Relación entre los cuatro modelos

Citas para citar

"Usted tiene que ser capaz de arriesgar su identidad por un futuro más grande que el presente que está viviendo".

Fernando Flores

Por el momento, tratemos de realizar un examen equilibrado del modelo de cambio más común –el orientado por las metas– en un intento para abrirlo a un entorno enredado, decididamente no lineal y en cambio continuo.

Esto puede hacerse al aumentar la conciencia de la organización de lo que quiere ser y lo que es; utilizando herramientas de comunicación que hagan énfasis en el significado y no en el mensaje; logrando el control del miedo y la duda que el cambio puede producir en algunos individuos, y maximizando la creatividad, el placer y el aprendizaje.

La manera como sucede esto se constituye en el tema del resto de esta obra.

3
El proceso del cambio

"El futuro se construye en el presente".

Kelly Andrews, Departamento de Trabajo de los Estados Unidos

Para lograr el cambio, en las organizaciones se requieren dos componentes principales. En primer lugar, una metodología o enfoque total que incluya todas las etapas del proceso de cambio y cree una imagen de las actividades y tareas que se necesitarán llevar a cabo en el futuro. En segundo lugar, un conjunto de herramientas e intervenciones que saque la metodología del papel y haga que el cambio ocurra en tiempo real.

Enfoques tradicionales para el cambio organizacional orientado por metas

Casi todas las metodologías de cambio comparten las siguientes características:

1. Buscan un mejoramiento de los factores clave del desempeño de la organización.

2. Buscan hacer cambios en todos los aspectos del sistema organizacional (que las organizaciones son sistemas significa que no es posible hacer un cambio en un área sin afectar otra variable en algún otro lugar).

3. Los cambios transformacionales son aquellos que modifican estilo de liderazgo, cultura, estrategia, propósito corporativo, etc. Los cambios transaccionales son los que modifican prácticas, sistemas, procesos administrativos, etc. (En general, estos últimos cambios se consideran más fáciles y más rápidos que los primeros, y también se acepta que eventualmente fracasarán o vacilarán sin cambio en los primeros, para sustentarlos).

4. Siguen un proceso y, por consiguiente, una secuencia para introducir el cambio. En general, esto significa alguna forma de:

   - *etapa de visión*: creando una imagen del aspecto que puede tenerse en un mundo ideal; esto da origen a una estrategia de cambio

   - *etapa de análisis:* recopilación de datos sobre cómo funciona todo en la actualidad

   - *etapa de rediseño*: planeación de las tácticas y reorganización de los procesos y sistemas

   - *etapa de implementación*: lleva a la práctica la estrategia y los planes mediante la introducción de nuevas formas de trabajo, reentrenamiento, reeducación, etc.

   - *etapa de revisión*: un intento de medir el éxito del proyecto y de buscar nuevas formas para impulsar la organización hacia un nuevo cambio.

El proceso de cambio como un ciclo resalta la interminable jornada que el cambio implica. Aunque existe una meta –incluida en los beneficios compartidos y las medidas– en realidad ésta nunca se alcanza porque el aprendizaje y la transformación en que la organización avanza, establecen naturalmente nuevas metas en el proceso.

Cambio en la luz

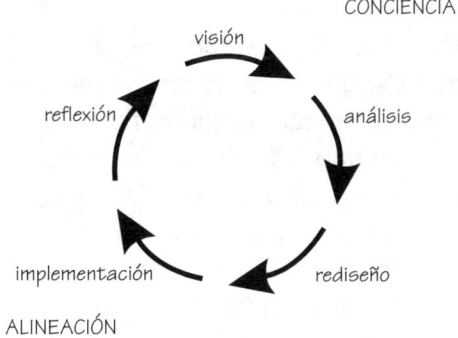

Observe qué es lo que no se dice:

Cambio en la oscuridad

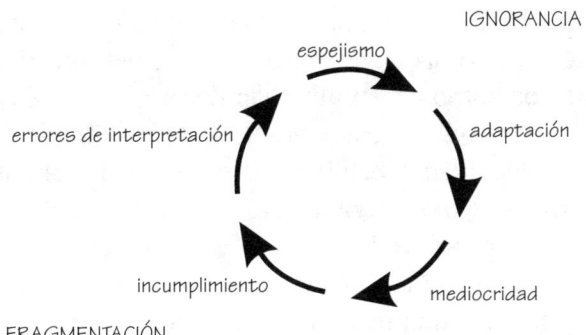

Sin embargo, el reto constante del líder del cambio inteligente es demostrar que lo suyo está en el ciclo de luz. Además, cada etapa en el lado oscuro del ciclo es un peligro oculto y potencial en donde cualquier programa de cambio puede caer.

De modo que, ¿dónde y cómo comienza el cambio?

Comenzar el cambio

Si de algo que es constante puede decirse que tiene un comienzo, por el contrario, del cambio no puede afirmarse que inicia con la visión, la estrategia o el análisis. Ni siquiera comienza con el liderazgo. Empieza más allá de la compañía, afuera en el mundo real, más allá del universo, en donde los planetas que giran en ocasiones son el ascendiente (como en la astrología), y en otras no, y por tanto, ejercen su efecto sobre el humor de sus vecinos, el ir y venir de las mareas y el ascenso y la caída de los mercados de capital. En alguna parte una organización tiene que reaccionar. En Iowa, quizá Marte esté en Urano y un ex alumno con un repulsivo olorcillo, aunque inmensamente talentoso, escribe una cierta combinación de códigos que sella su fortuna y amenaza con condenar al ostracismo de la historia los esfuerzos mediocres de las casas de software establecidas, a menos que éstas reaccionen. Un complejo tejido de innovación industrial, experimentos fríamente calculados, derrocamientos de gobiernos, educación cultural, televisión por cable y codicia personal hacen que la gente sea más exigente sobre el tipo de automóvil que quiere. En alguna parte, una compañía tiene que dejar de funcionar en la manera como lo hacía. En verdad deben detener el diseño y la fabricación de los vehículos como acostumbraban hacerlo. También tienen que dejar de pensar en los automóviles de la forma como lo hacían. Tienen que reconfigurar su concepto del cuidado del cliente, e incluso de los clientes. Tienen que desplazar un recalcitrante sistema organizacional ya establecido, de la industria de la fabricación a la industria del servicio. Es ahí en donde comienza el cambio. Es mi pequeña teoría en *The Astrological Influence of Organizational Change,* un ligero volumen que complementa el presente.

El contexto lo es todo. Mantener la mirada en el contexto es la clave.

En la Edad Media, el rey escuchaba al vigía que se encontraba en la atalaya de la torre, quien le decía si tropas enemigas estaban avanzando en dirección al castillo. También escuchaba al augur, quien le anunciaba el futuro que veía en la bola de cristal y en las entrañas de un sapo cornudo. El rey medieval estaba bien informado cuando de evaluar el entorno se trataba.

Preguntas que matan

¿Qué está sucediendo allá afuera, en el mundo real?

Uno de los factores esenciales para el éxito de cualquier organización debe ser el mecanismo con que cuenta para conectarse con el mundo exterior, sus medios para empaparse de la información en un mundo siempre cambiante. Que tan bien se logre hacer esto, la claridad con que mantenga sus canales abiertos, puede ser crítico.

Todos los cambios que se inician en las organizaciones son reactivos. Ninguno es proactivo. Las organizaciones reaccionan ante las cambiantes demandas del consumidor, ante las acciones de los competidores. Están guiadas por el miedo (a que no contarán con suficientes clientes en el futuro) o la envidia (de que alguien pueda estar haciendo lo mismo pero mejor, en alguna otra parte). Incluso quienes inician una verdadera innovación están reaccionando ante un imperativo moral o intuitivo del líder.

Entonces, ¿qué haría que usted propiciara un cambio?

- • ¿Qué estamos escuchando en este momento?
- • ¿Qué tan bien sintonizados estamos con el mundo externo a nuestra organización?
- • Si tuviéramos un vigilante, ¿dónde le pediríamos que mirara?
- • Si contáramos con una adivina para leernos las cartas, ¿qué preguntas le haríamos sobre el futuro?

Preguntas que matan

- el deseo de construir un éxito masivo, sin precedentes y exclusivo

- la insatisfacción con los niveles de servicio al cliente

- la insatisfacción con la productividad

- la insatisfacción con el estado de ánimo

- la insatisfacción con la comunicación

- la pérdida de personal clave

- la contratación de un empleado rebelde

- una idea brillante para seguir un mejor camino

- una nueva tecnología en el mercado

- las acciones de un competidor

- una nueva disposición del gobierno

- un sentido general de que las cosas necesitan nueva energía

- encontrar un propósito compartido que lo diferencie de sus competidores más cercanos.

Preguntas acertadas para dirigir cada etapa

Las actividades que necesitan realizarse en una organización alrededor del ciclo de luz del cambio se encuentran en una serie de preguntas. ¿Por qué? Porque el cambio, aunque puede guiarse por un modelo como el que se presenta aquí, nunca puede darse como una fórmula definitiva. No ha existido otra organización igual a la suya. En la actualidad no existe otra organización como la suya, ni tampoco existirá. Su organización es única y usted debe encontrar sus propias respuestas, sus propias soluciones.

La etapa de la visión

- ¿Cómo parecería o se sentiría esta organización si el cambio hubiera tenido éxito?

- ¿Qué diferencias esperaríamos ver en las áreas de nuestros principales grupos de interés: cliente, comunidad, empleado, desempeño en el mercado?

- ¿Se encuentra alineada esta visión con respecto a la estrategia general de nuestro negocio? En caso negativo, ¿cómo manejaríamos la transformación y expansión necesarias?

- ¿Qué tanto anhelamos lograr esto? ¿Lo queremos por encima de todo?

- ¿Qué comportamiento, actitud o nivel de burocracia interna necesitamos cambiar realmente para lograrlo?

- ¿Cuáles son las principales metas que esta Visión sugiere?

- ¿Qué planes necesitamos para dirigir estas metas?

- ¿Qué nivel de base y otras "señales indicadoras" podemos poner para demostrarles a todos que el cambio está funcionando?

- ¿Cómo podremos desplazar la cultura organizacional de manera que los cambios no retrocedan hacia estándares o comportamientos anteriores?

- ¿Quién dirigirá y facilitará este cambio a nivel alto y cuál será su red de elementos de influencia del cambio?

- ¿Qué tan realista/expansible/comprensible/motivadora es esta Visión?

- ¿Cuáles son las principales prioridades y preocupaciones que en la actualidad podrían hallarse en el camino del proceso de cambio?

- ¿Podemos financiarlo?

La etapa de análisis

- ¿Cómo piensa/siente/habla/se comporta la organización?

- ¿Cómo se habla en esta organización acerca del cambio?

- ¿Cuál es la capacidad de esta organización para el cambio?

- ¿Cómo han funcionado en esta compañía las iniciativas previas? ¿Qué sucedió?

- ¿Qué barreras existen aquí para el cambio?

- ¿En dónde se encuentra el poder?

- ¿Cuál es el proceso de toma de decisiones?

- ¿Qué tan flexibles o adaptables somos? ¿Qué tan rápido se mueve todo aquí?

- ¿En qué estado se encuentra la comunicación aquí?

- ¿Cuál es el nivel de cambio necesario: la transformación total de las creencias de la compañía o de un solo grupo del sistema del proceso?

- ¿Cuál será el impacto probable de este cambio en la compañía?

- ¿Cuáles son nuestras fortalezas y debilidades?

- ¿Qué tan abierto es el conflicto?

- ¿Cómo se maneja en esta compañía una colisión con el *statu quo*?

La etapa de rediseño

- ¿Quién debe estar en el equipo del cambio?

- ¿Qué palancas podríamos utilizar para cambiar? ¿Estructura? ¿Sistemas? ¿Salarios y remuneración? ¿Educación?

- ¿Cuáles procesos/sistemas debemos rediseñar para cumplir con los requerimientos del cambio?

- ¿Qué nueva estructura, roles de cargo y especificaciones de cargo o de personal se requieren?

- ¿Cuáles serán los premios, métodos de verificación y medidas que estimulen los nuevos comportamientos?

- ¿Qué más haremos para modificar la actitud y cambiar el comportamiento?

- ¿Qué nivel y tipo de ayuda externa necesitamos?

- ¿Cuáles canales, estrategias y tácticas de comunicación están abiertos para nosotros?

- ¿Cómo manejaremos a los demás grupos de interés, como clientes y proveedores, por ejemplo, mientras se está realizando este cambio?

- ¿En dónde debe residir el poder para garantizar que el cambio se realice?

- ¿Qué sistemas de medición del desempeño o ciclos de retroalimentación de la información necesitaremos para calcular que nos encontramos en el camino previsto?

- ¿Con qué conocimiento y destrezas nuevas o adaptadas debemos contar?

- ¿Será posible realizar una prueba del proceso de rediseño antes de extenderlo a toda la organización?

La etapa de implementación

- ¿Están manejándose las nuevas necesidades de educación y entrenamiento que este cambio requiere?

- ¿Está desplazándose la base de poder en la dirección requerida?

- ¿Qué tan interesado parece el personal con respecto a los cambios?

- ¿Cómo pueden sentirse en sus nuevos roles/cargos/posiciones/comportamientos?

- ¿Qué otras destrezas se requieren? ¿Qué cambio de actitud es necesario aún?

- ¿Qué información/acción mantendrá el *momentum*?

- ¿Cómo están institucionalizándose los cambios en los sistemas y procesos de la compañía?

La etapa de revisión

- ¿Están cumpliéndose los límites y las indicaciones del plan de cambio?

- ¿Están cambiando las actitudes y comportamientos?

- ¿Siguen comprometidos nuestros auspiciadores del cambio?

- ¿Cuáles son nuestras necesidades continuas de presupuesto y recursos?

- ¿Qué estamos aprendiendo que debemos usar para darle nuevo vigor a este esfuerzo de cambio?

- ¿Cómo estamos registrando nuestro aprendizaje, de modo que las generaciones futuras de esta compañía sepan qué sucedió?

- ¿Qué oportunidades están surgiendo para que otro cambio funcione en la compañía?

P: ¿Qué significa Visión? ¿Propósito? ¿Cómo se ajustan los valores a ella?

R: Estos términos significan cualquier definición en que estemos de acuerdo sobre el particular. Nadie lo ha grabado en piedra, de modo que no estamos infringiendo ninguna regla si nos desplazamos alrededor de ellos. De nuevo, ¿qué queremos que ellos signifiquen? ¿Qué tal estos términos como un glosario inicial?

Visión	una imagen vívida de lo que pareceremos cuando lleguemos al futuro
Estrategia	las decisiones y la dirección a largo plazo que formarán su camino en el futuro
Misión	una meta de negocios clara y obligatoria
Valores	las creencias fundamentales e inamovibles que tenemos acerca de lo que es importante para nosotros
Propósito	la respuesta a la pregunta "¿por qué estamos aquí?"
Metas	objetivos a corto plazo por donde pasaremos de camino a la Visión

Respuestas inteligentes a preguntas difíciles

Citas para citar

"Toda organización tiene un destino: un propósito profundo que expresa la razón de ser de la compañía. Nunca podremos conocer plenamente ese propósito, del mismo modo que un individuo nunca sabe por completo cuál es su propósito personal en la vida. Sin embargo, decidirse por escuchar continuamente ese sentido de propósito emergente es una opción vital que traslada a un individuo o comunidad de una orientación reactiva a una creativa".

Tomado de *The Fifth Discipline Handbook*, Peter Senge *et al.*

Siete planes que usted necesitará tener bajo la manga en cualquier programa de cambio

"No haga planes pequeños; ellos no tienen la magia para entrar en la sangre de los hombres".

Daniel Hudson Burnham

- un plan para evaluar ciertos roles y responsabilidades específicos (si tiene dudas, diríjase al capítulo 9)

- un plan para influir en la participación de los responsables de los roles (si tiene dudas, diríjase al capítulo 5)

- un plan para garantizar que quienes se vean afectados por el cambio no sólo estén dispuestos sino que sean capaces de cambiar con él (si tiene dudas, diríjase al capítulo 6)

- un plan para aprender de lo que está sucediendo, para determinar verdaderamente el "éxito" (si tiene dudas, diríjase al capítulo 10)

- un plan para definir y medir los resultados (si tiene dudas, diríjase al capítulo 8)

- un plan para manejar el éxito y el fracaso (si tiene dudas, diríjase al capítulo 12)

- un plan para saber cómo detener la planeación y comenzar a actuar (si tiene dudas, diríjase al capítulo 1).

El cambio de arriba-abajo frente al cambio de abajo-arriba

Una de las principales suposiciones que se hallan detrás de las metodologías administrativas está en que el cambio organizacional es "de arriba-abajo".

La mayor parte del cambio se considera liderado por la visión y la pasión del líder. En realidad, son muy escasos los líderes heroicos y carismáticos que con su voluntad y carácter superan todos los obstáculos. La literatura presenta los mismos viejos conocidos: Richard Branson de Virgin, Lee Iacocca de Chrysler, Sam Walton de Wal-Mart. En diez años en el negocio, he encontrado un líder a quien yo pondría en la categoría de carismático y he escuchado historias acerca de la experiencia de un amigo sobre otro líder. La mayoría de nosotros trabajamos lo mejor que podemos.

El aspecto positivo de llevar esto a la realidad está en que cualquier persona puede utilizar de manera efectiva todas las herramientas o técnicas que aparecen en este libro, y ninguna de ellas depende de que usted tenga una gran S en su camiseta. A menos que quiera.

De otro lado, resulta difícil imaginar un cambio organizacional importante que sea literalmente dirigido desde el "fondo", sin la dirección y aprobación de la gerencia de máximo nivel (imagínese hordas de empleados descontentos batiendo antorchas flameantes y con herramientas de granja en las manos, entrando a empellones en el salón de recepciones del director). La literatura sobre el cambio, "de abajo-arriba" en realidad alude a un enfoque más incluyente y democrático, en lugar de uno revolucionario.

¿Cómo puede elegir entre estos dos enfoques?

El factor clave para decidir qué tan relevante es la democracia del método de abajo-arriba para su programa de cambio es cuántos opositores potenciales existen. Si su

Personas
inteligentes
que debe tener
a su lado:

Kurt Lewin

El psicólogo alemán, Kurt Lewin, ha tenido una enorme influencia en el campo del cambio organizacional. Fue el fundador de un centro sobre dinámica de grupos en el Massachusetts Institute of Technology en 1944.

La parte más influyente de su investigación sugería que los grupos democráticos trabajan de manera más efectiva que aquellos dirigidos a través de órdenes y control, algo que ahora no es una perspectiva de amplia difusión, pero que en una era dominada por la dictadura corporativa y la gerencia científica hizo que su trabajo fuera original e innovador. De esto se deduce que un gerente no es un rey que impone su voluntad a los demás sino que necesita ser un psicólogo diestro aunque aficionado, que entienda lo que necesitan las personas y cómo funcionan, para influir sobre ellas de manera efectiva.

En particular, dos ideas de Lewin lo convirtieron en un contribuyente importante. La primera es el concepto de los campos de fuerza, en donde los campos de fuerzas opuestas mantienen los procesos de grupo en un estado de equilibrio. "Fuerzas impulsoras" como ambición, metas, necesidades y miedo alejan al grupo de algo que no valoran o lo acercan a algo a lo que sí le dan valor. Por el contrario, "fuerzas de contención", como la apatía o la inercia de grupo, se oponen a las fuerzas impulsoras. Las dos fuerzas se anulan mutuamente cuando son iguales y es cuando un grupo logra el equilibrio.

Entonces, para crear el cambio, debemos fortalecer las fuerzas impulsoras hacia una meta mejor. Tomemos como ejemplo un objetivo específico. Ofrecer incentivos financieros para aumentar la conversión de ventas de un equipo es una alternativa (la amenaza de despido es otra). El retiro de las "fuerzas de contención" en este ejemplo, podría lograrse entrenando al equipo en mejores técnicas de cierre o en alguna otra forma que reduzca la dificultad del objetivo. Por tradición, las compañías se han sentido más cómodas con la opción fácil: si usted quiere que la gente se desempeñe bien, págueles un poco más. Lewin sugiere que el problema con esta reacción automática es que puede ser un beneficio a corto plazo, pero pagarle más a la gente representa nada en cuanto a reducir el estrés asociado con realizar tareas difíciles. Este estrés puede tener efectos nocivos a largo plazo y también puede unir al equipo en contra de la compañía. Los individuos ganan más, los niveles de tensión aumentan, el estado de ánimo se derrumba. Es una acción costosa y que no resulta atractiva para la compañía, aunque en primera instancia parezca la más fácil.

De este modo, Lewin fue uno de los primeros en sugerir que dirigir a la gente no era controlarla sino dedicarle tiempo, demostrarle cuidado e invertir en sus necesidades. Más específica es la idea de que la "resistencia al cambio" no necesariamente podría ser una decisión de comportamiento de un trabajador en extremo obstinado, sino que podría estar presente en las condiciones de su trabajo.

La segunda contribución importante de Lewin es el concepto de un proceso de tres partes en el cambio, que destraba el estado actual, lo mueve y luego lo paraliza en un nuevo lugar. Aunque esto se adoptó con rapidez como un proceso lineal y lógico de dirección del cambio, de hecho Lewin nos lleva de nuevo hacia el complejo y cambiante mundo de la dinámica de grupo y hacia los mismos conceptos que constituyen las teorías relacionadas con la cultura corporativa. Lewin señala hacia normas, valores y comportamientos compartidos que cualquier grupo establece, y que eventualmente se volverán tan habituales y cómodos que el grupo se resistirá contra cualquier cambio significativo. Las rutinas y patrones del comportamiento de grupo se convierten en un enlace positivo, y sólo pueden reducirse de dos maneras. La primera es disminuir el valor de algo que el grupo ha considerado antes como importante. La segunda es cambiar fundamentalmente lo que el grupo valora. Hacer esto, más conocido como dominio suave, es un trabajo difícil, pero aquí Lewin regresa a su investigación democrática. Él encuentra que las discusiones de grupo bien informadas, en donde el grupo mismo decide tomar nuevos valores y comportamientos, son bastante más efectivas que una presentación coercitiva de uno-a-uno realizada por un extraño. Suministrar la información, la creatividad y el espacio seguro que un grupo necesita para hacer esto, sería una señal de que un agente de cambio inteligente entra en acción.

compañía emplea una gran cantidad de individuos conservadores con ideas atrasadas e intransigentes que se quejan recordando los viejos buenos tiempos, y cada vez que pueden le dan tres razones de por qué el cambio *no funcionará*, entonces no pierda mucho tiempo tratando de vincularlos al proceso (aunque *dedique bastante para tratar de demostrar que están equivocados*). Esto es un negocio, no un romance. En este punto, su opción es usar los elementos primarios de los enfoques de arriba-abajo: poder político y fuerza.

Citas para citar

> Se está tratando de imponer nuestras metas a otras personas, particularmente a nuestros hijos y subordinados. Está buscándose que nuestra sociedad imponga sus prioridades a todo el mundo. Sin embargo, la estrategia será defendernos si nuestras metas, o las de nuestra sociedad, no se ajustan a las metas de los demás. Podemos imponer nuestro propio camino pero no podemos conseguir que los otros aprendan. Ellos pueden verse obligados a cumplir sin que lleguen a cambiar. Hemos impulsado sus metas con las nuestras y hemos robado sus propósitos. Es una forma maligna de robo que mata la voluntad para aprender.
>
> Tomado de *The Age of Unreason*, Charles Handy

Por otra parte, si usted está rodeado de jóvenes tontos e impacientes, entonces déles su cabeza (casi). El mejor cambio es autodirigido y cuanto más le permita usted a la gente aprender a poseer el cambio, tanto más efectivo, resistente y duradero será éste. En este caso, dirija la fijación de metas más pequeñas que, en conjunto, sacarán a la organización "del fondo", llevándola hacia su Visión. Deje que la revisión "desde abajo" avance. Permita que haya retroalimentación de la información "de abajo". Deje que "el fondo" tenga la oportunidad de influir en las decisiones que usted está tomando con respecto a lo que podría suceder luego.

Comparación y contraste (A)

Un enfoque clásico de arriba-abajo

1. establecer un sentido de urgencia
2. crear la coalición guía
3. desarrollar una visión y una estrategia
4. comunicar la visión
5. retirar los obstáculos para la nueva visión
6. generar éxitos a corto plazo
7. consolidar los avances y producir más cambios
8. fijar nuevos enfoques en la cultura corporativa

Tomado de *Leading Change*, John Kotter, HBS Press, 1996

Comparación y contraste (B)

Una cita clásica: enfoque dirigido desde arriba y desde abajo

Valerie Stewart en *The David Solution* ofrece una perspectiva diferente sobre el debate de arriba-abajo/abajo-arriba. Al describir la "gerencia de nivel medio" como "reticente a cambiar", Stewart supone que, por consiguiente, este nivel sería una barrera significativa para los intentos de la gerencia del alto nivel para filtrar hacia abajo y a través de la organización su estrategia de cambio. Su idea es que la gerencia general aplique su estrategia sobre los cargos fundamentales: los gerentes de nivel junior y los supervisores senior, "de quienes usted recibe el impacto más significativo de la percepción de los clientes por cada pie cuadrado ocupado por sus empleados". En el nivel de servicio al cliente, esos gerentes y supervisores logran entendimiento y compromiso, y vinculan y dan *empowerment* a la fuerza laboral. Cuando el cambio se comienza a implementar "desde abajo", el "nivel medio" queda sacudido por la presión y las exhortaciones del nivel superior, y por el hecho de que la realidad ya está cambiando debajo de él. Más aún, al comunicarse directamente con el personal de nivel junior, los líderes motivan a este grupo que resulta vital porque aún cuenta con años y energía para dedicarlos a la compañía. De esta manera, garantizan que la siguiente generación de gerentes de nivel medio sea más proactiva que la actual.

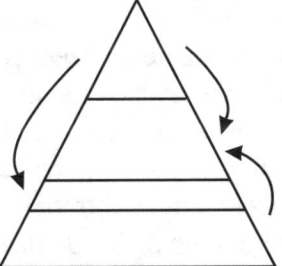

Cambio total: fusión de enfoques dirigidos desde arriba y desde abajo

Ciertamente, en esta era de organizaciones más planas, los términos arriba y abajo son menos relevantes que antes. Como muchas organizaciones buscan trasladar poder a la periferia –a quienes están más cerca de los clientes y del sitio de mercado–, se desprende que estas personas están más cerca de las cambiantes demandas del cliente o de las transiciones del sitio del mercado que necesitan de un cambio en el enfoque corporativo. En este sentido, a quienes cuentan con esta información crítica podría considerárseles como una fuente de cambio. Sin embargo, hacer cambiar a las personas en sentido contrario diciéndoles "este cambio depende de usted" es una forma de cinismo, porque no es verdad. No depende de alguien, depende de todos. En realidad, todos tomarán parte en otro ciclo de interdependencia: los "trabajadores" generan información y retroalimentación; los "jefes" la interpretan y fijan la dirección; "trabajadores" y "jefes" manifiestan la dirección. Ningún cambio puede funcionar sin que ambas partes demuestren su compromiso para lograr una acción efectiva. Un vínculo débil en una parte del sistema afecta todo su bienestar. El problema radica en que gran parte de nuestro pensamiento sobre el trabajo y las organizaciones se basa en creencias jerárquicas y políticas. Uno de los resultados de esto es que en tiempos de presión, los trabajadores siempre culpan a los jefes y viceversa. En todos mis años de estudios sobre el clima empresarial y realizando auditorías sobre la cultura corporativa, nunca he escuchado a nadie decir, "es mi culpa".

Educar a las personas para ir más allá de las creencias que las limitan acerca de dónde se encuentra el poder y quién es "realmente responsable" del cambio es una tarea enorme en el trabajo que usted hace como líder del cambio. Uno de sus retos más grandes será conseguir que dichas personas estén de su lado. Parte de esto implica lograr que ellos acepten que el trabajo que realizan es importante, ver cómo se conecta éste con el trabajo de los demás y con toda la organización; que tanto el trabajo como la conexión con el sistema general son valiosos porque les pertenecen y, por consiguiente, que es valioso mantener un mejoramiento constante.

Cualquiera que sea el enfoque que usted tome en el proceso de cambio, se aplican los mismos principios:

Respuestas inteligentes a preguntas difíciles

P: Me duele la cabeza. Toda esta charla acerca de que el dominio suave le gusta a la gente me preocupa. ¿No puede decirme algo más fácil de entender? ¿Quizás algo que tenga más aspecto de fórmula?

R: Por supuesto. Algo como esto:

$$CE = V + N + M + P + R$$

En otras palabras, el *Cambio Exitoso* requiere una *Visión* compartida; una *Necesidad* apremiante de cambio; los *Medios* prácticos que se han planeado e introducido; los sistemas de *Premiación* que se han ajustado de acuerdo con el resultado deseado para estimular los comportamientos que lograrán el cambio y la *Retroalimentación* que se dará con regularidad.

Tomado de *Managing the Change Process*, Carr, Hard & Trahant, McGraw-Hill

Conciencia

- saber qué es lo que usted quiere

- saber en dónde se encuentra usted

Alineación

- cambie sus comportamientos, sus sistemas y actitudes hasta que estén en línea con lo que usted quiere

- manténgase consciente para controlar su progreso

- trabaje con lo que funciona: aprenda de ello y descarte lo que no sirve.

Comencemos con aumentar la conciencia.

4
Aumentar la conciencia organizacional

PARTE 1: CONSTRUIR LA VISIÓN
Aumentar la conciencia de cómo debería ser la organización

"Muchísimas organizaciones nos piden que participemos en un trabajo vano, que seamos entusiastas con visiones estrechas, que nos comprometamos con propósitos egoístas, que dediquemos nuestra energía en direcciones competitivas. Quienes nos ofrecen estos trabajos insignificantes esperan que no nos demos cuenta de la falta de valor de los mismos...".

A Simpler Way, Wheatley & Kellner-Rogers

La palabra "visión" evoca imágenes de un líder con ojos desorbitados, su cabello flotando al viento y con una visión cósmica de las cosas, diciendo "¡Lo he logrado!", "¡Lo he logrado!" cuando claramente se ve que no puede transmitirle a nadie más en el mundo lo que ha conseguido.

La etapa de la visión no se refiere a avances importantes que han cambiado la vida como el pasaje del Camino a Damasco. Alude a ver la organización en el cambio de estado que se pretende, libre de las inhibiciones y bloqueos actuales.

La visión es una de las áreas más incómodas, menos entendidas, más falseadas y más descuidadas de la gerencia del cambio, principalmente debido a que la gente piensa que dibujar una imagen como ésta del estado futuro lo hace ver a usted como una persona fantasiosa o de promesas vanas. Esto desvía el punto de la visión, el cual no es mostrar un futuro perfecto irrealizable, sino trabajar *en la manera como usted puede llegar allí.*

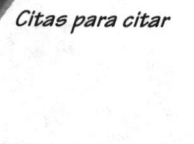

Citas para citar

"Si se encuentra con que ha construido su castillo en el aire, no se preocupe.

Es el momento de empezar a construir los cimientos".

Anónimo

Una visión debe reflejar una imagen de la organización en el estado modificado, atractiva y que transmita energía, que incorpore los valores y prácticas que se quieren tener. Esto permite que un grupo pueda saber que el cambio ha sido exitoso: "cuando el mundo sea como una visión, sabremos que hemos llegado".

La visión que muestra este estado idealizado lleva, entonces, a la pregunta ¿qué tenemos que cambiar para llegar allá?

He encontrado un buen ejercicio para que el grupo de creación de la visión en realidad cambie ese interrogante y lo plantee como si ya estuviera en el mundo ideal. De modo que la pregunta se convierte en "¿qué tuvimos que hacer para llegar aquí?"

Para responder a esta pregunta se requiere trabajar hacia atrás, no hacia adelante, y seguir un camino, paso a paso, con lógica, hasta el presente. Lo que encontrará frente a usted es, entonces, la primera piedra que lo detendrá –es decir, lo primero que usted debe hacer para convertir su sueño en realidad– y una senda de pasos hacia el futuro.

Esta ruta de acción es general y actúa como directriz; no es específica. El análisis detallado y el acuerdo con respecto a qué y cómo hacerlo puede lograrse más adelante.

Convertir lo invisible en visible:
diez elementos que debe tener una visión

- Una visión debe incluir dirección (hacia dónde), propósito (por qué) y estrategia (cómo).

- Una visión debe contar con una meta audaz que explique y justifique el cambio; la meta debe extenderse por fuera de la organización, más allá de su realidad actual y llevarla a un nivel de ambición más alto.

- Una visión debe ser relevante para la identidad de la compañía, o justificar un cambio.

- Una visión debe ser real, incluso si sobrepasa los niveles de percepción que la organización tiene en la actualidad; debe tener elementos de la realidad actual como valores, principios o competencias reconocibles.

- Una visión debe dirigirse hacia el exterior; es decir, estar enfocada hacia un objetivo de negocios y/o del cliente.

- Una visión debe atraer compromiso, al implicar con claridad el placer (y el dolor) de cambiar (o no).

- Una visión debe ser entendible en términos del trabajo de cada uno: ¿cómo los afectará?

- Una visión debe llegar a la cabeza y al corazón, suscitando emociones lo mismo que ideas.

- Una visión debe ejercer una "atracción impresionante"; es decir, emocionar o atemorizar a las personas lo mismo que seducirlas.

• Una visión debe utilizar un lenguaje vívido y poderoso. Usted nunca podrá decir con exactitud qué significa cada palabra en la visión misma (las palabras no son sólo lo que parecen), pero su lenguaje debe ser lo bastante fuerte para estimular la formulación de preguntas y la discusión. Por encima de todo, usted necesita saber qué significan las palabras. Si alguien le pregunta: "¿De modo que vamos a ser un competidor *formidable*, no? Usted debe estar listo para responderles con exactitud. En el capítulo 5 puede conocer acerca del entendimiento compartido.

Si su enunciado de la visión es muy corto (la agencia de publicidad St Luke tiene una visión de dos palabras: *Mentes abiertas*), entonces resulta claro que no cabrán los diez puntos citados. Sin embargo, usted debe ser capaz de explicar que las palabras que ha elegido son relevantes y significativas. Imagine el enunciado de su visión en un documento conectado como hipertexto: cada palabra deberá apreciarse con un clic para lograr una definición o explicación con significado. Las visiones deben ser ricas y tener profundidad ("un modelo tridimensional y de descubrimiento") porque también necesitan conectarse de corazón y espíritu. Las visiones morirán si son planas y blandas, y solamente se conectan con el intelecto.

Citas para citar

"Si su intención es clara, usted crea un campo eléctrico de posibilidades que realmente sacarán su creatividad y la de quienes lo rodean. Éste es el verdadero poder de la intención. Lo inspira en formas que usted no podría predecir. Cuando en Kamatsu expresaron su intención —Encircle Caterpillar—, no lo hicieron exactamente como lo iban a hacer. La realidad fue muy contraria. Uno de los distintivos de una buena intención es que debe ser mayor que las habilidades con que usted cuenta en el momento. A medida que la claridad de Kamatsu crecía con respecto a su intención, se encontraron diseñando tecnología y estrategias de marketing cuya medida era equiparable con el tamaño de su intención ... El crecimiento es emocionante en individuos y compañías, y surge de ampliarse para lograr lo que no parecía posible de alcanzar una semana antes".

Tomado de *The Corporate Mystic*, Gay Hendricks.

Más que una lista de enunciados: seis maneras para dar cuerpo a su visión

- una visión como un video

- una visión como una historia

- una visión como un sitio web lleno de gráficas y enlaces de hipertexto

P: ¿En dónde se ajustan los valores a todo esto?

R: Quizá su visión se convierta en un listado de valores: un enunciado de valores. Los valores guían el comportamiento y yo no sé ni puedo concebir un equipo de alto desempeño que no establezca sus propias reglas internas de trabajo. Usted no puede basarse en las predicciones del futuro, o en la intensidad o alcance de los cambios que el universo le va a lanzar, pero sí debe estar en capacidad de basarse en el hecho de que comparte con su equipo un conjunto de creencias o principios comunes que gobiernan (nueve de cada diez veces) su reacción ante el cambio.

Si usted lidera un equipo, le recomiendo que establezca un conjunto de valores a los que aspire llegar en todas las actividades que pida realizar. Algunas sugerencias sobre lo que constituye un valor son:

Un valor no es un valor a menos que cuente con siete factores:
- debe ser elegido libremente
- debe ser elegido a partir de una serie de alternativas en consideración
- debe ser elegido con un conocimiento claro de las consecuencias
- debe ser valorado y aplaudido
- debe ser anunciado públicamente
- debe ser llevado a la acción
- debe realizarse de manera repetida

  Simon & Kirschenbaum: *Values Clarification*

Respuesta inteligentes a preguntas difíciles

- una visión como un *collage* o una pintura

- una visión como una escultura

- una visión como un "folleto corporativo" para la compañía del nuevo mundo, con un enunciado del presidente, resultados y figuras.

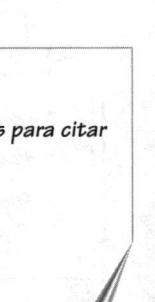

Citas para citar

Incluso si no hay un punto (para la vida), o si todo es un juego de ciencia, nosotros debemos creer que existe un punto. Si no lo creemos, no habrá ninguna razón para hacer algo, creer en algo, cambiar algo. El mundo estaría entonces a merced de todos aquellos que creen que pueden cambiar lo que existe. Es un riesgo que no podemos tomar.

"Para encontrar ese punto... ayuda construirlo sobre tres sentidos:

Sentido de continuidad
"Necesitamos tener fe en el futuro para darle sentido al presente, [una] filosofía de catedrales, es decir, a la manera del pensamiento de quienes construyeron las catedrales y sabían que nunca vivirían bastante tiempo para verlas terminadas. Las nuevas catedrales no serán de piedra y vidrio, sino de cerebros e ingenio...

Sentido de conexión
"Necesitamos pertenecer a alguien o a algo. Solamente cuando exista un compromiso mutuo, usted encontrará personas preparadas para negarse a sí mismas por el bienestar de otros. Responsabilidad y conciencia no tienen significado si no existe un sentido de compromiso hacia los demás...

Sentido de dirección
"Necesitamos creer en lo que estamos haciendo si vamos a impulsarnos a nosotros mismos hacia una segunda curva [de renovación], o si vamos a comprometer nuestros deseos y necesidades por el bien de otros. Más allá habrá una etapa (Maslow) de autorrealización, una etapa que podríamos llamar de idealización o la búsqueda de un ideal o una causa que es superior a uno mismo...".

Tomado de *The Empty Raincoat*

Una visión no es tan solo un objetivo o una meta. Es algo más amplio y profundo. La visión ofrece una "Razón de Ser", aunque no pueda predecirse el futuro, pero... ¿qué constituye una razón de ser?

Quizá si usted realmente quiere construir una visión que no sólo incluya los objetivos de negocios sino que otorgue un sentido de significado y propósito humanos, podría comparar el enunciado de su visión con los Tres Sentidos de Charles Handy (en la cita tomada de *The Empty Raincoat*, que aparece en la página 68).

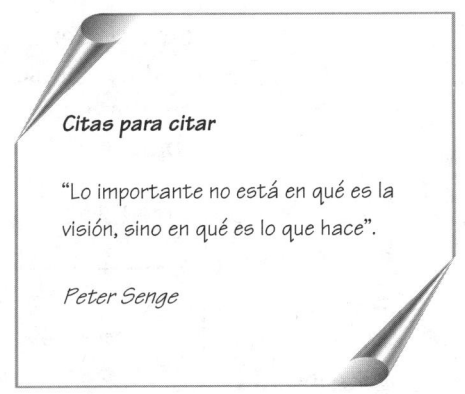

Citas para citar

"Lo importante no está en qué es la visión, sino en qué es lo que hace".

Peter Senge

Existe más de una razón del porqué construir una visión es una buena idea. La visión es una intención declarada: le permite a todos tener claridad sobre cuál es el objetivo del trabajo en la compañía y les da la oportunidad de equiparar sus valores personales con ese propósito (si no pueden, los dejarán).

Unirse a esa construcción es una poderosa afirmación comunitaria de que la meta es valiosa para luchar por ella. Todas las fuerzas de trabajo estarán felices de decirle cuán terrible resulta todo –los seres humanos somos muy capaces de enfocarnos en lo negativo–, pero si el grupo no puede trabajar en conjunto para tener una visión de un futuro mejor, entonces el cambio será muy difícil.

Compartir la creación de la visión no sólo es democrático y respetuoso, también puede liberar mucha energía positiva necesaria para el cambio.

Ante una fuerza laboral positiva y creativa dispuesta a asumir la responsabilidad del cambio, la etapa de la visión puede plantear propósitos muy necesarios, contexto y significado.

Ante una fuerza laboral renuente y antagónica, es probable que su visión se considere como retórica, momentánea, propagandista y limitada a unos lemas.

Para ambos conjuntos de los grupos de interés, un principio es verdad por encima de todo esto. No hay manera de cambiar éste:

Usted debe actuar de acuerdo con lo que dice.

En otras palabras, para demostrar que su visión no es únicamente una ilusión, que sus valores no se limitan a ser palabras bonitas, usted debe demostrar con su comportamiento qué es lo que quiere decir. Debe comenzar por personificar el cambio.

Una medida de su éxito sería ésta:

Ideas
inteligentes
acerca del cambio

> Así es como me gustaría que sucediera. Un nuevo cliente o un nuevo proveedor llega a conocer nuestra compañía. La charla alude al programa de cambio cultural que estamos llevando a cabo. Él nos pregunta qué es la Visión. En lugar de presentarle un diagrama en un papel pegado a la pared, lo llevamos a ver un grupo o una actividad en particular. "Esto", decimos, "es la manera como estamos tratando de convertir en realidad nuestra visión".

Esta manifestación de la realidad es la función de la alineación. Sin embargo, es otro trabajo que aún falta por hacer.

Más allá de la visión

"Un hombre está barriendo el piso cuando, de repente, le llega el Conocimiento.

¿Qué hace? Continúa barriendo el piso".

Principio budista

"Después del conocimiento, el lavado".

Proverbio Zen

Ahora usted tiene su visión aunque la gente todavía no está propiamente lista a lanzarse para cambiar.

Lo que le ayudará a continuación será darle a su personal una imagen clara, real e innegable sobre dónde se encuentran ahora, y luego probarles que esta realidad ya no es aceptable.

Usted necesita pasar a la etapa del Análisis.

PARTE 2: ANÁLISIS
Aumentar la conciencia de la organización como ella es

La palabra "análisis" evoca imágenes de barbudos estadísticos pasando hojas y hojas de datos y murmurando "¡hum, fascinante!", cuando claramente no va a ser fascinante para nadie más en el mundo.

La etapa de análisis no es devorar números. Se trata de ver las cosas como son –no mejor ni peor– sólo como son.

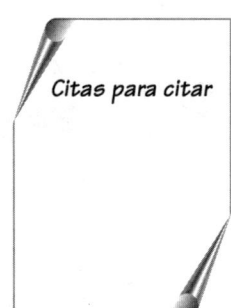

Citas para citar

"Si queremos cambiar lo que tiene forma, debemos explorar el yo que ha creado lo que vemos. El yo cambia cuando se modifica la conciencia que tiene de sí mismo. A medida que el sistema desarrolla una conciencia diferente, este cambio en la conciencia materializará nuevas respuestas. Si no le da un significado diferente, se mantendrá sin cambiar".

Margaret Wheatlkey y Myron Kellner-Rogers, *A Simpler Way*

Se refiere al aumento de la conciencia de la organización y en ésta, de modo que puede impulsarla al cambio, bien sea reaccionando en contra y *alejándose* de lo que encuentra que le desagrada, o creando un camino libre *hacia* la visión.

La etapa de análisis es una imagen clara de la organización, en ese momento y con todas sus virtudes y defectos. Usted quiere saber cuáles son los valores y creencias actuales (contrarios a los que aparecen impresos en los folletos); cuál es el sentimiento acerca del cambio y el futuro; cuáles son las destrezas y habilidades, evidentes y ocultas; qué sucedió en el pasado que pudo ayudar o entorpecer el plan actual; rumores, miedos y dudas en la organización; sus debilidades evidentes; una imagen de sus héroes y villanos; su capacidad para comunicarse interna y externamente; su actitud hacia quien la dirige y hacia las ideas iniciales que usted tiene sobre el cambio.

Usted puede utilizar:

- foros de grupo

- auditorías culturales (estudios individuales o en grupos pequeños)

- charlas informales en la sala de reuniones

- entrevistas formales con clientes/proveedores/miembros de la familia

- la evidencia que usted mismo capta con sus seis sentidos.

Decida cuáles son las principales áreas de la organización sobre las que usted desea investigar. ¿Desde cuál media docena de perspectivas quiere usted considerarlas?

A continuación se presentan las secciones principales de un cuestionario de auditoría cultural que busca información en siete áreas clave:

Siete dimensiones de la cultura corporativa

1. Clima

   cómo se siente para trabajar aquí; cómo se siente el grupo consigo mismo

2. Enfoque

   percepciones del propósito y la estrategia de grupo

3. Liderazgo y manejo

   actitudes hacia quienes dirigen y controlan el grupo

4. Estructura

   cómo se organiza el grupo a sí mismo para cumplir con los requerimientos del negocio

5. Recursos

   la capacidad que el grupo tiene para entregar lo que se requiere de él

6. Desarrollo personal

   la actitud ante el crecimiento y la remuneración de sus integrantes

7. Cliente

   la actitud del grupo hacia quienes le sirven.

La información recopilada a partir de una auditoría como ésta tiene muchos beneficios:

- Puede identificar y precisar cuáles son las áreas fuertes y débiles de la cultura, y entender el porqué.

- Algunos temas o tendencias parecen cruzar todas las áreas. En una auditoría que realicé hace poco, quedó muy claro que todas las áreas de la cultura, y por consiguiente el desempeño, no contaban con una dirección clara.

- Puede identificar cuáles son las mejores palancas que pueden utilizarse para mejorar y con qué prioridad. En la auditoría que menciono, el aspecto del cliente que requería de una inversión cuidadosa era el de entrenamiento, pero habría tenido sólo carácter temporal si no hubiera contado primero con una directriz corporativa.

- Puede utilizarse para medir y controlar el progreso.

- Finalmente, de una auditoría también se obtiene una información cualitativa saludable que permite ver todos los defectos e imperfecciones sobresalientes de la organización. Una auditoría no sólo establece una imagen de las creencias y actitudes que se comparten a nivel organizacional, sino también sus fortalezas de opinión en áreas clave. Esto le permite a usted planear sus estrategias de comunicación y compromiso para reducir la resistencia.

Qué debe hacer ahora

- Reúna el material y examínelo con cuidado durante un tiempo. No se precipite.

- Sea cuidadoso para no decidir de una vez lo que usted quiere o espera encontrar. Si lo hace, inconscientemente se encontrará filtrando la información de manera que se ajuste a sus suposiciones.

- En esta etapa busque patrones y temas. En general, ¿cuáles diría usted que son los principales problemas que encuentra en su análisis?

Respuestas inteligentes a preguntas difíciles

P: ¿Qué es primero: la visión o el análisis?

R: Si hace el análisis antes de crear una visión y manifestar un compromiso para hacerla realidad, está en peligro de desilusionarse por la cantidad de malas noticias que un análisis a fondo de "defectos e imperfecciones" puede sacar a la luz. Entonces, de nuevo, hacer la visión sin un sentido de lo mucho que usted la necesita, podría significar que ésta es demasiado insustancial, irreal o mal dirigida. De modo que ahí está usted. Yo elegiría la gallina, no el huevo.

No se preocupe por justificar todavía sus presentimientos; a menudo, sus primeras impresiones se vuelven correctas.

- Escriba sus conclusiones en la primera página, y únicamente como puntos concisos.

- Sólo utilice los hechos más recientes para probar esas conclusiones.

- Reflexione sobre sus conclusiones: ¿le dicen la verdad?

- Ahora, escriba su informe: recuerde su propósito. Yo supongo que en este punto usted ha determinado la necesidad del cambio y que trabaja en una organización que necesita un reporte escrito de sus decisiones. Sin embargo, ¿para qué es su informe? Éste lo protegerá de la dirección general, de

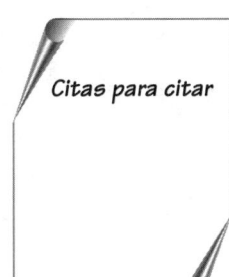

Citas para citar

La adicción no es sólo hacia las drogas; puede presentarse en cualquier patrón de comportamiento, cuando ese comportamiento se torna habitual (es decir, rutinario, repetitivo, sin un control consciente o sin conciencia plena). El cambio es natural y sólo duele si se ha presentado una adicción previa; es decir, que se ha obstruido la conciencia anterior. El dolor se reduce si el conocimiento puede extenderse progresivamente dentro de una relación de confianza".

Tony Page, *Diary of a Change Agent*

tener que reclutar patrocinadores o defensores del cambio y lo liberará de tener que conseguir presupuesto o autorizaciones. Asegúrese de ser claro en lo que quiere. No permita que el informe sea una manera de aclarar sus pensamientos y sentimientos (aunque un borrador muy somero está bien para eso). El informe no es para usted sino para su audiencia y para el futuro del programa de cambio. Un informe es para generar acción.

Cómo escribir un informe que lleve a la acción en lugar de terminar archivado

- Redáctelo de manera que sea fácil de leer. En el mundo actual, "fácil" significa de poca extensión, no frases cortas; pero si en su caso necesita más de seis páginas, escriba párrafos concisos. Utilice suficientes subtítulos para dar dirección y claridad.

- Escriba un resumen ejecutivo: una síntesis de una página de todo el reporte, al comienzo del mismo.

- Al final utilice una página para conclusiones, que sintetice los principales hallazgos y presente puntos concisos de aspectos para lograr consenso.

- Considere la posibilidad de empastar su informe con un logotipo a color, o con una imagen o figura apropiada en la portada. El empaque atrae las miradas.

- Considere la posibilidad de *no* empastar su informe. Déjelo sin accesorios. Anime al lector a fotocopiarlo y distribuirlo entre las demás personas encargadas de toma de decisiones, que estén de acuerdo con él.

- Escriba títulos y subtítulos de impacto; deben ser un encabezamiento de los principales puntos que se incluyan en la sección respectiva.

- Utilice en su caso citas textuales (anónimas) tomadas de sus entrevistas.

- Preséntelo con un estilo personalizado; minimice el uso de casos pasivos o impersonales. Diga "Considero que ..." en lugar de "Se considera que...".

- Utilice el estilo personal, especialmente cuando presente sus conclusiones. ¿Quién, en su opinión debe hacer qué y por qué? "Rebecca Smith, de Ventas, sería mejor si estuviera en..." en lugar de decir "el Departamento de Ventas debe encargarse de...".

- Si cuenta con gráficas o estadísticas, fíjelas al final, el sitio a donde pertenecen. La mayoría de las personas a quienes venderá su informe han llegado a donde están por ser analíticas, lo cual es bueno, pero las estadísticas son demasiado engañosas y falsas. Usted no quiere que su audiencia estructure mentalmente el significado de sus cifras y que después no lea el resto del reporte.

- Sea muy claro en lo que quiera decir. No deje nada abierto a la interpretación; ni siquiera aquellos puntos que considere "obvios". Recuerde que si alguien no quiere escuchar lo que usted está diciendo, nada es obvio.

- Para aclarar el significado, utilice todas las veces que sea necesario expresiones como "esto significa que...", "esto quiere decir que...".

- Facilite la lectura dando una respuesta clara (clara significa "sí", "no" o "dígame más específicamente acerca de X y le diré sí") ¿Resulta bastante claro para el lector lo que tiene que hacer después de leer el informe? ¿Necesita:

  – obtener autorización?

  – vincularse como auspiciador del cambio?

  – buscar presupuesto o recursos?

  – comunicarle las decisiones a alguien más?

- Entregue la solicitud personalmente y fije una fecha para analizarla: haga el seguimiento para verificar cuándo se va a leer; haga un nuevo seguimiento para escuchar la retroalimentación inicial después de haber leído y confirmado la fecha de la reunión personal.

- Y, por encima de todo:

Escriba lo que usted considera y siente que es verdad. No falsee, disculpe ni oculte (pero si no sabe, dígalo). Sosténgase en lo que quiere decir. Puede considerarse peligroso, pero la única manera para comenzar a ganar la confianza de los demás es siendo auténtico y honesto. Si no se siente un poco ansioso sobre la manera como reaccionarán las personas cuando lean el informe (por ejemplo, "¡podrían despedirme por esto!"), entonces existe toda la probabilidad de que no está siendo suficientemente provocador. Provocar a los demás no es ridiculizar a nadie o que usted exagere sus opiniones. La provocación (del latín *pro vocare*) alude a que alguien se adelante y aleje de su posición actual. La única manera de hacerlo es diciendo la verdad, aunque la verdad lo lastime a usted o a otras personas.

> **Ideas inteligentes acerca del cambio**
>
> Si no enfrentamos la verdad sobre lo que se necesita para cambiar, estaremos eligiendo la muerte. Puede ser una muerte lenta, pero finalmente moriremos.

Más allá del análisis

La visión –intención declarada– es el propósito y el análisis es la claridad. Sin embargo, ninguno de estos dos aspectos garantiza el éxito hasta que todo lo que usted haga esté en línea con lo que quiere, y ya no se encuentre alineado con lo que tiene y no quiere.

Norma OS3

(agradecimientos a Peter Stole, Wentworth Research)

- OS3 es un excelente programa de software que no tiene ningún error y no volvió a Bill Gates más rico.

- OS3 es un programa de software que usted ya tiene en su mente y que puede usarse cada vez que quiera probar cualquier informe o conclusión (por ejemplo al final del taller de trabajo).

- OS3 trabaja de manera muy simple:

Pregunte

os1: si sus competidores cuentan con una copia de este informe (o de los puntos de acción de este taller de trabajo), ellos dirían "¡Demonios! Ahora estamos en problemas porque estas acciones significan que ellos en realidad van a actuar juntos".

os2: si su cónyuge o su socio leen este informe, dirán "¡Demonios, tendrás que comenzar a buscar un nuevo trabajo/alistarte para un ascenso importante porque este reporte da en el blanco (o utilice alguna frase descriptiva apropiada si su cónyuge o su socio son de otra nacionalidad)!".

os3: si su equipo recibe este informe, dirá: "¡Qué diablos, es lo mismo, lo mismo! Esta vez tampoco nada va a cambiar".

- Mantenga funcionando el software durante las repeticiones al escribir el informe hasta que las preguntas obtengan como respuesta dos "Sí" firmes y un sólido "No" (en ese orden).

Hablar puede resultar económico. No son en nada escasas las compañías que *dicen* que su personal es su activo más importante; la cantidad que puede probarlo es pequeña. Sea inteligente. Únase a este último grupo.

La alineación cierra la brecha entre intención y fracaso.

Los siguientes capítulos le muestran cómo puede volver realidad sus visiones alineando su comunicación, cultura y medidas en un entorno de aprendizaje de cambio continuo, orientado por la gente.

5

Alinear la organización: Parte 1

COMUNICARSE PARA LOGRAR CONSENSO

"La comunicación no es simple... y la revelación de su oculta complejidad fue uno de los grandes descubrimientos del siglo XX... Una señal segura de esta complejidad es nuestra ignorancia".

Dr. P.N. Johnson-Laird

En una versión inicial de esta obra, iba a llamar este capítulo, Herramientas del cambio: Número 1: Comunicación. Luego entendí que no podía pensar en las herramientas número 2 ó 3. ¿Por qué? Porque, una vez que usted ha acostumbrado su mente a interpretar cómo deberá responder ante el mundo cambiante y ha acostumbrado su corazón a decirle en dónde está usted ahora, la comunicación es la *única* herramienta con la que usted cuenta para cambiar su compañía.

No hay nada de lo que usted hace que no sea comunicar algo a alguien. No es posible hacer que ocurra algo sin comunicación. Esto parece superficial y corriente, pero es verdad.

Quizás, usted haya pensado que éramos maestros de la comunicación, pero no lo somos; que teníamos un entendimiento maravilloso de los caprichos de la comunicación. No es así.

Esto explica por qué muchos programas de cambio avanzan con dificultad o fracasan (o avanzan con dificultad y después fracasan).

Cinco principios para construir con éxito el consenso para el cambio

(i) Involucramiento

La pertenencia lo es todo. Haga cuanto esté a su alcance para vincular a su personal en el proceso de cambio. Como ellos estarán implementando la visión, la cercanía a los límites de lo inmoral no le da a su gente la oportunidad de darle forma. Explique el problema, luego pida ideas, pida retroalimentación. Anímelos a desafiar las decisiones que usted tome, si consideran que eso es lo que deben hacer; esto no sólo le ayudará a dar forma a su estrategia con más precisión, sino que también le dirá cuál es la clase de resistencia que hay contra este proyecto. Si usted tiene información al respecto, entréguesela a ellos. A cambio recibirá credibilidad. Si no tiene información, dígaselo. A cambio ganará su confianza.

(ii) Educación

Explique por qué ha decidido tomar la ruta que ha indicado; explique qué otras opciones *no* tomó y por qué; explique cuál es el contexto que está dando forma a

---

Citas para citar

"Acepte que usted pagará por conseguir lo que quiere (compromiso) o que pagará por no conseguir lo que quiere (resistencia) y que los pagos podrían venir tarde o temprano; sin embargo, el cambio es costoso y usted *pagará*".

Daryl R. Conner

estas decisiones; explique la manera como otras compañías están haciendo algunas clases de cambios (de ese modo previene la mentalidad habitual de que "lo de los demás es mejor"); explique los beneficios y los costos anticipados; explique cuáles serán las nuevas políticas que se aplicarán para respaldar el cambio; explique qué es lo que usted cree que significará el cambio, sea positivo o negativo, para cada una de las personas del grupo.

(iii) *Honestidad*

Por encima de todo, diga la verdad; de esa manera no tiene que esforzarse en recordar qué fue lo que dijo. Algunas personas reaccionarán con temores ante el cambio propuesto y emplearán una serie de estrategias conscientes y subconscientes para tratar de evitarlo. Si la tensión es alta, esta red velada de comportamientos de evitación y oposición será muy complicada; en el peor de los casos, los programas de cambio pueden parecer castillos de arena. Usted necesita (y alguien más también) una base firme: la verdad.

(iv) *Congruencia*

La "congruencia" es otra palabra del alineamiento que constituye otra manera de decir "hacer lo que se dice", y en términos más formales, "moldear el comportamiento". Se espera que los líderes sean buenos oradores y, como los políticos, sabemos que pueden relatar una buena historia; por eso es que han llegado donde están. Lo que da más probabilidad de lograr un consenso es ver que lo que se dice corresponde con las acciones del orador, de manera que éste se convierte en un ejemplo viviente de las intenciones planteadas. Los líderes también pueden lograr esta congruencia a nivel organizacional, al enviar lo que Mark Youngblood llama "ondas de choque simbólicas... acciones radicales que demuestran de manera inequívoca que el esfuerzo del cambio es real". El CEO que convoca a una reunión general de la empresa en la zona de estacionamiento de su fábrica de llantas y, cuando la multitud está reunida, no dice nada, pero se quita la chaqueta y empieza a golpear con un hacha la pila de llantas rechazadas y defectuosas, está enviando una onda de choque simbólica de que su discurso de la semana anterior acerca de la TQM era en serio.

(v) Persistencia

El cambio requiere de tiempo y la gente olvida lo que se dijo en el lanzamiento del proyecto. La persistencia tiene, por lo menos, tres dimensiones:

- *creatividad*: para mantener el interés de la gente

- *reafirmación*: para manejar la cambiante condición emocional de los emplea-dos a medida que pasan por el periodo de transición, y

- *refuerzo*: repetir el mismo mensaje de manera consistente y probar cuánto se entiende de él en las palabras y acciones de los trabajadores.

Pirámides en espiral: una nueva forma de mirar la comunicación

Como dijo Richard Nixon en una famosa frase: "Yo sé que usted cree que enten-dió lo que piensa que yo dije, pero no estoy seguro de que usted entienda que lo que escuchó no es lo que yo quise decir...".

Comunicación es quizá la palabra más sobreutilizada en el mundo de los nego-cios. Todos saben a qué se refiere –nunca he conocido una compañía que no considerara que tenía un problema de comunicación– y, de hecho, esta situación suele ser acusada de todo ("comunicación es la panacea de todos para todo", Tom Peters). Sin embargo, ¿en realidad quién sabe lo que es? Como en la famosa definición de pornografía de Steven en la Suprema Corte de Justicia de los Esta-dos Unidos ("La conozco cuando la veo"), todos reconocemos la comunicación cuando nos pasa a nosotros. No obstante, su significado y nuestra necesidad de controlarla y manejarla exigen que lo hagamos mejor de lo que sabemos cuando

Yo era el CEO de una pequeña compañía manufacturera en la zona central de los Estados Unidos. Me consideraba un hombre de principios y entereza. Por encima de todo decidí ser honesto sobre el impacto de la recesión: con respecto al descenso en nuestros ingresos, los cambios venideros y por qué eran necesarios para nuestra compañía. Pensé que decir la verdad era la opción más sencilla. ¿Cómo podría fracasar, pensaba, si era honesto?

Así que cité a una reunión a toda la compañía. Quería que todos escucharan al mismo tiempo lo que tenía que decir, de modo que no hubiera la posibilidad de que se presentaran rumores. Eso fue un asunto tremendo: tuve que realizar una preparación de emergencia. Y les dije la verdad: que no se planeaban repeticiones y que todos serían tratados de la manera más justa posible.

Para mi sorpresa, esta reunión comenzó una oleada de rumores acerca de cierres de la planta y despidos de personal. La productividad se derrumbó. El estado de ánimo de los empleados se fue a pique. Fue casi el impacto opuesto a lo que yo había intentado.

Después de meses de investigaciones y un año de análisis en retrospectiva, comprendimos lo que había sucedido. Nunca antes se había realizado una reunión de toda la compañía para ningún tema. Esto fue un cambio en relación con la manera habitual como se procedía allí, de modo que todos comenzaron a hacer suposiciones. Mi audiencia dedujo que todo iba tan mal que ameritaba una reunión de semejante naturaleza y que probablemente "había más" de lo que yo había presentado. En otras palabras, pensaron que yo estaba encubriendo algo. Concluyeron que yo estaba mintiendo, aunque les estuviera diciendo la verdad.

Fue muy extraño e intimidante.

CEO Rubber Company (retirado)

---

la vemos. Debemos ser capaces de definirla de manera que podamos identificar sus elementos, su fuerza y sus funciones. Debemos saber cuál es su aspecto y, entonces, quizá podamos dominarla como una herramienta administrativa.

Necesitamos un punto de partida desde donde estructuremos nuestro conocimiento intuitivo de que la comunicación es enredada, compleja y peligrosa.

El antiguo modelo de comunicación

Existen modelos familiares y tradicionales, pero no son los más adecuados para nuestro objetivo. ¿Cuál es el actual modelo de comunicación que utilizan la mayoría de los profesionales en administración? En general es una versión de un modelo creado por científicos de la telecomunicación hace medio siglo (Shannon y Weaver, 1949). Cuenta con estos elementos: un transmisor, identificado como una fuente para la comunicación, que emite un mensaje hacia un receptor. El modelo sencillo tiene un aspecto similar a:

Una forma sofisticada del modelo agrega un elemento de retroalimentación:

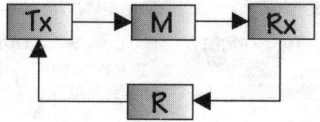

Ésta es la imagen que domina nuestro pensamiento acerca de la comunicación. Es un modelo sólido que sirve a un propósito y si no se rompe, ¿por qué asegurarlo? Bueno, está roto. Tiene estas fallas:

Toda la terminología es errónea

No somos simples transmisores y ciertamente tampoco simples receptores de datos. Eso está bien para los teléfonos pero corresponde a una perspectiva limitada de las personas. Cuando el director ejecutivo le dice a sus empleados que "cree en la gente", lo que ellos captan es mucho más que el simple mensaje: interpretan los datos llanos a la sombra del comportamiento pasado del jefe y sus ejecutivos, los enunciados de éstos, las redes de rumores, sus propios prejuicios, el tamaño relativo del automóvil de la empresa frente al suyo, etcétera.

Nada de esto se encuentra al interior del mensaje "Yo creo en la gente", pero eso y mucho más puede interpretarse a partir del mismo. Cada vez que alguien dice "Pienso que he sido claro" o "Usted debe haber entendido eso" reconocemos que el mensaje no tiene el significado que se pretendía. De alguna manera, en toda consideración sobre el modo como fluye la comunicación, hemos perdido el concepto de qué tan efectivo ha sido nuestro mensaje.

Los elementos se encuentran en el sitio equivocado

El antiguo modelo define al transmisor y al receptor como separados conceptualmente. Esto nos lleva a pensar que estamos protegidos de nuestra audiencia por la distancia. No es así. En términos de Phillip Clampitt, éste es el "enfoque de lanzar la flecha a ver si cae en el blanco" y "los gerentes con esta mentalidad nunca saben si 'dan en el blanco' o no" (*Communicating for Managerial Effectiveness*, Newbury Park, 1991). Simplemente suponen que dan en él.

Hable con alguien, envíele una carta y usted estará, durante ese momento, en una relación íntima y a menudo excluyente con esa persona. No hay escape de una audiencia. De hecho, cualquier audiencia transmite señales fuertes al presentador de la forma "estoy aburrido", "estoy atento", "estoy confundido" o "tengo calor". Al recibir esta información, el presentador constantemente interpreta a su audiencia. De modo que el "receptor" también es un "transmisor" y viceversa. Siempre somos las dos cosas. Esto tiene profundas implicaciones para los líderes del cambio que piensan que su trabajo sencillamente es "mantener a la gente informada". En realidad, debe ser mucho más de doble vía.

El sistema es del tipo equivocado

El antiguo modelo es un sistema cerrado que sugiere que la comunicación no tiene entradas externas y que cuando nos comunicamos de manera efectiva regresamos al punto en donde comenzamos. Esto desconoce la influencia del contexto en cualquier comunicación: sonreír durante un despido tiene una connotación diferente a cuando la misma acción se realiza durante una contratación. También desconoce la posibilidad de desarrollo en una relación de transacción. Tan pronto comienzan a comunicarse dos partes, empiezan a compartir hechos e impresiones entre sí que significarán que cualquier comunicación que se presente hacia el futuro estará dentro de un contexto cambiado. Si yo digo que mi nombre es David y usted me contesta que el suyo es Roberto, no nos hemos desplazado dentro de un círculo. Hemos agregado información al mundo y no podemos retroceder hasta el punto original.

La retroalimentación no es correcta

Existen dos problemas con la aplicación de la retroalimentación en este modelo. El primero es que la retroalimentación no es una caja cerrada. Es un error garrafal tratarla como cualitativamente similar al transmisor o al receptor. En realidad es una fuerza que impulsa la continuación del proceso: no pertenece a una caja: en la práctica es una línea. En segundo lugar, un mecanismo de retroalimentación debe ser reflexivo: registra el estado real del sistema, lo compara con el estado deseado y luego utiliza la comparación para corregir el primero. El modelo antiguo no permite este tipo de metaanálisis en donde se encuentran de manera simultánea las proposiciones de "éste es mi mensaje" y "ésta es su interpretación de mi mensaje". Como en el aforismo "Yo no soy lo que pienso que soy. Yo no soy lo que usted piensa que soy. Yo soy lo que yo pienso que usted piensa que soy".

***

De ese modo, el antiguo modelo está muy resquebrajado. A la vez resulta obsoleto y con un campo de acción peligrosamente estrecho, con una excesiva concentración en el proceso y el flujo, y poca atención a su efectividad y significado. El resultado es que la mayoría de los intentos gerenciales para controlar o mejorar la comunicación se han concentrado en la regulación de los canales, el flujo y las líneas: "¿quién debe comunicarse con quién, en qué canal y por cuál frecuencia?". Todo esto es enteramente válido, pero sigue fallando en reconocer el tema fundamental de lo que se está comunicando, cómo y con qué efecto.

Los dos factores perdidos, efectividad y significado, excluidos del antiguo modelo, son los que constituyen la clave en cualquier estrategia de comunicación. Necesitamos un nuevo modelo que nos permita entender y manejar temas reales.

Un nuevo modelo de comunicación

De manera que ¿cuál es el aspecto que tiene la comunicación si no es el de un circuito de cajas? En realidad, parece como una pirámide de forma helicoidal. Es una estructura tridimensional con dos elementos en el núcleo: la espiral y la pirámide.

La espiral

Los participantes en el proceso de comunicación son el realizador y la audiencia, terminología que permite reflejar mejor el drama humano intrínseco de la comunicación. El realizador emite un mensaje, no directamente a la audiencia sino a través del medio interpretativo de alguna clase de realidad o contexto externos. A la postre, ese mensaje llega a la audiencia. El modelo reconoce que en este punto tanto la audiencia como el realizador comparten la intimidad de la conexión; en esencia, el rol que cada uno desempeña es el mismo: interpretar el mensaje.

Finalmente, como la audiencia vuelve a concebir el mensaje, ambos participantes en la transacción entran a una nueva etapa del proceso de comunicación; comparten un campo de conocimiento más amplio a medida que reciben más y más información acerca de los puntos de vista del otro, los rasgos de la personalidad, el tema, etc. Éste es el elemento de retroalimentación del modelo: una hélice de entendimiento cada vez más amplia que se carga con una energía y se desarrolla de manera constante. La estructura helicoidal ilustra la naturaleza dinámica y de transacción de la comunicación y su desarrollo en el tiempo. Hace énfasis en que los elementos, relaciones y entornos del proceso están cambiando constantemente y de modo irreversible. Usted no puede retroceder en la espiral. Usted no puede dejar de comunicarse, como muchos líderes lo han descubierto a un gran costo.

La pirámide

No es suficiente con entender el proceso; también se requiere comprender su propósito e impacto subyacentes. Debemos reconocer que el mensaje mismo es una estructura de elementos, o signos, que a través de su interacción con el realizador o emisor y la audiencia, producen significados. Estos signos pueden ser desde el estilo del traje hasta el tono de voz, incluidas las palabras que uno ha elegido pero sin llegar a ser dominados por ellas. El mensaje, entonces, no sólo surge de la persona que se dirige a la audiencia, sino que es parte de una relación estructurada con los otros dos puntos del triángulo. El énfasis no está en el "contenido" del mensaje sino en la manera como la audiencia y el realizador lo "leen" cuando transmiten sus valores y experiencias para sustentarlo. Este proceso de "lectura" del mensaje es, en efecto, una negociación: el realizador y la audiencia generan un significado a partir del mensaje. El realizador emite su mensaje codificado con un entendimiento del contexto y el impacto de su propia perspectiva. La audiencia hace lo mismo, pero desde su perspectiva. Es un proceso complementario y paralelo pero no idéntico.

Como ejemplo, tome la frase "Sólo hazlo". Con frecuencia, sus receptores entienden que es un reto que los inspira para cruzar como en un atajo lo "administrivial", apoyados por las connotaciones positivas de los comerciales de Nike. No obstante, mi contexto, como audiencia, incluye fuertes connotaciones negativas de un ex colega mío, quien empleaba esta frase como un arma para encender debates e imponer su punto de vista en el grupo: "no discutas, sólo hazlo". He recibido el mensaje, reflejado a través de mis experiencias culturales en la realidad, y he generado un significado. Se necesita trabajo de mi parte para suprimir ese entendimiento y generar un significado compatible con lo que yo supongo que el realizador original ha generado y pretendido: trabajo con audiencias no siempre motivadas para actuar. Esta clase de embrollo es una característica de toda comunicación, y no se presenta a un nivel lógico de transferencia de datos sino en la profundidad de la inmensa complejidad humana.

Como en cualquier negociación, las dos partes no necesitan compartir un resultado similar, aunque su aspiración suele ser avanzar hacia uno en particular. El "significado" del realizador puede ser ampliamente diferente del de la audiencia. Esto indica la importancia de entender los peligros y confusiones en la comunicación y señala lo inevitable que resulta esta asignación de significado. No podemos vivir por fuera de estas lecturas. De hecho, la generación de significado o el deleite que nos produce ponerle etiquetas a las cosas, debe alertarnos hacia la insistencia fundamental de la comunicación en nuestras vidas. Usted no puede colocarse fuera de la pirámide. No puede dejar de comunicar.

Al colocar los dos modelos juntos obtenemos la pirámide en la espiral:

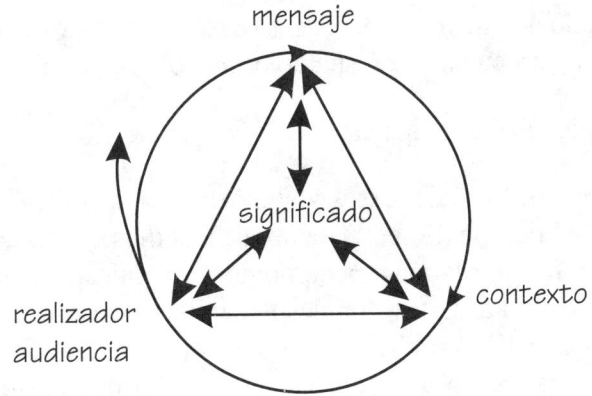

o, de una manera más dinámica, un tetraedro en una espiral:

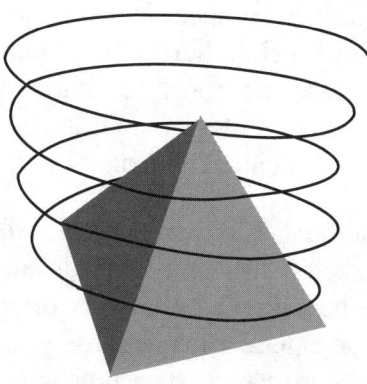

Una versión ampliada de este tema fue escrita por Alan Leigh (ALeigh-@exchange.ml.com) y originalmente se publicó en Facilities Management'95 de la Strathclyde Graduate School of Business.

El poder del modelo de la pirámide/espiral: la gente viene antes y no después del cambio

¿Cuál es el significado de este modelo, cuál es su relevancia para la administración de una empresa y, en particular, qué respaldo brinda para comunicar el cambio?

Existen ocho conclusiones principales:

• El mundo es una armazón de textos y signos que una audiencia interpreta y asigna a través del tiempo. En otras palabras, tenemos que tratar de influir en esas interpretaciones por la manera como nos comunicamos, aunque al final no podamos controlarlas. Éste es un desplazamiento enorme del poder de los modelos de comunicación tradicionales y de las formas de comunicación en organizaciones jerárquicas. Este desplazamiento va del emisor hacia la audiencia.

- No hay un sustituto para acercarse a su audiencia, comunicándose en vivo, frente a frente, en grupos pequeños, de modo que usted puede ver en tiempo real cómo se podría interpretar su mensaje. La comunicación a distancia (correo electrónico, memorandos, tarjetas, discursos desde un atril) pueden servir, pero la verdadera comunicación se logra de cerca.

- La comunicación es una transacción de servicio. Vivimos en un mundo en donde toda comunicación es la prestación de un servicio para una audiencia/cliente con el poder de comprar o no nuestro mensaje y significado. Debemos invertir tanto tiempo, dinero, imaginación y cuidado en nuestras comunicaciones corporativas como los que invertimos en nuestra publicidad o en relaciones públicas. El modelo de las pirámides en espiral sugiere una manera de comunicarse que pone a la audiencia y su posible interpretación en primer lugar: está *orientada hacia la audiencia* (como en el cliente).

- Aunque tenemos un enorme control sobre la manera como diseñamos y damos forma a nuestras comunicaciones, al final es la audiencia quien decide lo que significan. Por ejemplo, sin importar lo hermosa que sea la forma como está articulada nuestra Visión, el miedo hacia sus implicaciones puede hacer que la audiencia no se conecte ni se comprometa con ella. Para lograr una comunicación verdadera, tenemos que cuidar tanto a la audiencia como a nuestro mensaje.

- Si somos serios en comunicarnos bien, como algo rutinario, *antes* de hacerlo debemos analizar cada elemento de nuestro mensaje y preguntar "¿cómo se interpretará esto?" y "¿cómo necesita mi audiencia que me comporte para generar el significado que me gustaría que se generara en ellos?". Ésta no es la vanidad de la timidez, sino la prudencia del conocimiento.

- *Después* de la comunicación siempre debemos revisar para ver cuáles fueron los significados que se generaron, cómo nos interpretaron. Parte del impacto de la comunicación se aprecia en la manera en que la gente piensa, habla y se comporta como resultado de aquélla, pero también es necesario hacer verificaciones formales e informales de la interpretación, al estilo de las "llamadas de cortesía" a nuestros clientes para verificar que nuestro servicio es tan bueno como se esperaba. Esto no se refiere a buscar un premio por un buen desempeño, sino que es parte de un proceso sin fin para que usted trate de entender mejor a su gente: sus necesidades y la manera como ellos se adaptan al cambio a través del tiempo. Con este enfoque, la "resistencia" se reduce a medida que usted avanza.

• Resulta imposible "no comunicarse". Solamente podemos fallar en vender la versión de la comunicación cuando lo intentamos. Cuando las compañías se reprenden por no comunicarse, por lo general aumentan la *cantidad* de las comunicaciones. Esto solamente les ayudará en algunos casos porque lo que en realidad quieren decir con "no nos comunicamos" es que "nuestra gente no entendió nuestros mensajes en la manera como pretendíamos y, por tanto, no obtuvimos los resultados que queríamos". La primera respuesta inteligente aquí debe ser buscar entender mejor las necesidades de la audiencia, en lugar de atiborrarla con más información.

• Usted no puede dejar de comunicar. Incluso la ausencia también comunica; es decir, la audiencia la interpreta. Esa es la razón para creer que están jugando con fuego los líderes del cambio que piensan que no dar información a la gente en épocas sensibles es la opción más segura. El silencio es ensordecedor. Las audiencias odian los vacíos y los llenan con sus propias interpretaciones de lo que podría comunicarse. Cuando los líderes permanecen en silencio, el rumor se vuelve atronador.

La comunicación: un tema difícil y descomplicado a la vez

Para mí resulta sorprendente que muchos gerentes sigan considerando la comunicación como un tema sin complicaciones, un lujo o una actividad tangencial. De hecho, la parte descomplicada de ganar confianza a través de la comunicación orientada hacia la audiencia –situándose en el propio concepto que ésta tiene,

> "El manejo del cambio se refiere a mentes abiertas, a retirar las amenazas y la inseguridad para llevar a las personas al cambio. Esto requiere enfrentar la verdad, identificar los verdaderos intereses de la gente, hacer promesas que usted pueda cumplir. Para emprender estas difíciles tareas se necesita mucha energía, coraje y confianza".
>
> *Diary of a Change Agent*, Tony Page

Citas para citar

pensando desde su perspectiva– se hace por una razón muy específica: que los conflictos puedan resolverse a medida que surgen. Lo irónico es que la única forma de resolver conflictos es enfrentándolos, esto implica enfrentarse a opiniones incómodas, escuchar retroalimentación honesta, manejar algunas emociones negativas, adentrarse en un territorio inseguro. No es un asunto sin complicaciones, sino difícil.

Comunicación se deriva del verbo latino *communicare* que significa "compartir". La comunicación dirigida hacia la audiencia distribuye el poder entre el hablante y el oyente, de modo que el significado puede negociarse abiertamente y con tanta nitidez como sea posible. La desigualdad en el poder socava las organizaciones. Como lo expresó Rosabeth Moss Kantor, parafraseando a Lord Acton,

La ineficiencia corrompe. La ineficiencia completa corrompe por completo.

La comunicación orientada hacia la audiencia se basa en el respeto por el oyente, por sus opiniones, creencias y sentimientos. Por el bien de la visión, es posible que estos tres elementos cambien al oyente, pero el punto de partida debe ser de respeto y cuidado, o de otro modo la resistencia realmente golpeará. La gente no resiste el cambio, pero verdaderamente se resiste a que la cambien por otros individuos que sean irreflexivos.

La comunicación orientada hacia la audiencia identifica los temas y los bloqueadores que se deben cambiar (malos entendidos, temor, resentimientos sin resolver, etc.)

y no los evita. ¿Por qué? Porque el realizador orientado hacia la audiencia sabe que sólo cuando estas situaciones se resuelven o se dejan voluntariamente a un lado, puede avanzarse para lograr el compromiso hecho.

Comunicar el cambio: las preguntas esenciales que su audiencia plantea

- ¿Es la alternativa de *no* cambiar lo suficientemente *dolorosa* para que me haga reaccionar en contra de ella?

- ¿Es el resultado de la visión bastante *placentero* para llevarme hacia él?

- ¿Qué es lo que en realidad tengo que *hacer* de modo diferente? ¿Cómo cambiará mi jornada de trabajo?

- ¿Cómo y con quién estaré trabajando?

Respuestas inteligentes a preguntas difíciles

P: ¿De manera que lo que usted está diciendo es que la comunicación es un proceso espeluznante y complicado que nunca tiene fin? Sin embargo, ¿cuánta comunicación es bastante? ¿Existe un punto en donde podamos decir que hemos enviado nuestro mensaje en la forma en que pretendíamos?

R: Cuando la gente le dice a usted que deje de comunicarse tanto con ellos; cuando le dicen que la cantidad de comunicación ha superado su propósito de ajuste de actitud y compartir información es cuando está comenzando a avanzar por el camino correcto. De otro modo, siga comunicándose hasta que satisfaga su propio objetivo de comunicación y descienda hasta establecer una meta para cada parte de la comunicación. En otras palabras, pregúntese: "¿Qué quiero que haga mi audiencia como resultado de esta comunicación? ¿Quiero que cambien su comportamiento? ¿Cómo? ¿Que cambien una creencia? ¿Y cómo veré o escucharé eso?" Luego, cuando su audiencia esté llegando al objetivo que usted estableció, avance para comunicar un nuevo tema.

- ¿Qué de bueno me traerá esto con respecto a mi carrera, mi posibilidad de dar a conocer mi capacidad, mi valor para ésta y otras compañías?

- ¿Qué de bueno me traerá psicológicamente: crecimiento, nuevas destrezas, satisfacción laboral?

La regla de las 7X

Como una norma esencial interesante, desde la antigüedad existe un principio que sugiere que para lograr que alguien en una organización entienda algo, usted tiene que decírselo 7 veces distintas y en 7 formas diferentes. Si esta regla de $7x$ tiene algo de verdad (y por lo común suscita en mis audiencias una interesante mezcla de ¡oh! y ¡caramba!, lo cual me lleva a sospechar que puede ser lo correcto), entonces le exige una considerable cantidad de su paciencia y creatividad. ¿Cuenta usted con las reservas suficientes para persistir y mantenerse diciendo tantas veces lo que desea que los demás escuchen para que "lo capten", y cuenta con el ingenio para decirles el mismo mensaje en tanta variedad de formas que atraigan su atención para que lo entiendan?

Aquí, como en muchas ocasiones, la comunicación organizacional necesita cada vez más de las cualidades de la publicidad y cada vez menos de la mecánica árida que arroja información, que es lo que siempre hemos imaginado que es. La publicidad equilibra la repetición y la variedad para mantenerse en el fondo de los nodos de su cerebro, de modo que usted salga a comprar el producto (es decir, que cambie su comportamiento) o exprese un interés en conseguir más información al respecto (es decir, que cambie su actitud).

Quizá la mítica publicidad caracterizada por la moda y la excentricidad cuente con algunas lecciones curiosas para transmitirlas a la comunicación corporativa.

(Dispone de una semana para componer el estribillo de un anuncio comercial. Quiero que regrese a mi oficina el viernes, cantándolo animadamente).

Maximizar el uso de los canales de comunicación

Una manera como puede satisfacer el elemento de las "7 formas diferentes" de la regla $7x$ es mediante el uso pleno de los distintos canales de comunicación abiertos para usted.

Canales de comunicación diferentes tienen cualidades diferentes, y esto ayudará u ocultará su mensaje. Las conversaciones telefónicas permiten una retroalimentación casi instantánea, pero se necesita que el emisor y el receptor se "sintonicen" al mismo tiempo. Ellos también pueden lograr la calidez humana pero carecen de formalidad, de modo que sería una forma absurda de enterarse que usted ha perdido su trabajo. Las reuniones personales son casi siempre la mejor manera de manejar situaciones complejas o con una alta carga emocional. Por esta misma razón, muchas personas utilizan los demás canales de comunicación para evitar las complejidades de lo que están haciendo. ¿Cuántos gerentes se han ocultado detrás de un memorando?

El correo electrónico se ha extendido a través de nuestras organizaciones como una ráfaga porque se ajusta a las necesidades de las organizaciones de contar con información rápida y barata, y de disminuir los problemas causados por la distancia y las diferencias horarias. El correo electrónico es congruente con uno de los valores de negocios predominantes en esta era: la velocidad. El problema radica en que no es lo mejor para manejar las emociones o hacer aclaraciones, dos de los principales objetivos cuando se hace un compromiso para cambiar. Soy testigo del daño no revelado que se ha hecho a programas de cambio por comunicados desagradables enviados a través del correo electrónico a enormes audiencias, haciendo un clic con el *mouse*. Una vez que se ha enviado un correo electrónico no hay marcha atrás. Usted pensará que hemos aprendido a manejar esta forma de comunicación con respeto debido a la confianza del sistema, pero lo contrario parece ser la verdad: debido a que el correo electrónico es rápido y fácil de usar, a menudo la gente lo utiliza muy mal.

Un CEO recién nombrado en una importante organización de ventas al detal, usó deliberadamente el correo electrónico para presentarse y para exponer sus intenciones a la organización, ¿Por qué? Porque era deliberadamente antiético para la vieja cultura, que acostumbraba enviar una carta formal a cada miembro del *staff*. Debido a que su mensaje se refería a trabajar juntos por el futuro y a que él conocía el correo electrónico, a pesar de sus limitaciones llegó al instante a toda una red de personas. Cuando usted recibe un correo electrónico del que puede ver por la lista de distribución que llegó a todas las personas de la compañía, quizás una parte de sí mismo realmente se sienta como integrante de una comunidad más grande.

Recuerde entonces que el correo electrónico puede ser magnífico, pero solamente en el sitio adecuado.

¿Y cuál es el sitio adecuado? Eddie Obeng, en su obra *New Rules for the New World* (Capstone, 1997), representa gráficamente el uso de canales, a lo largo de dos ejes: el contenido emocional en el vertical y la necesidad de comunicarse de manera interactiva para transmitir el resultado, en el horizontal.

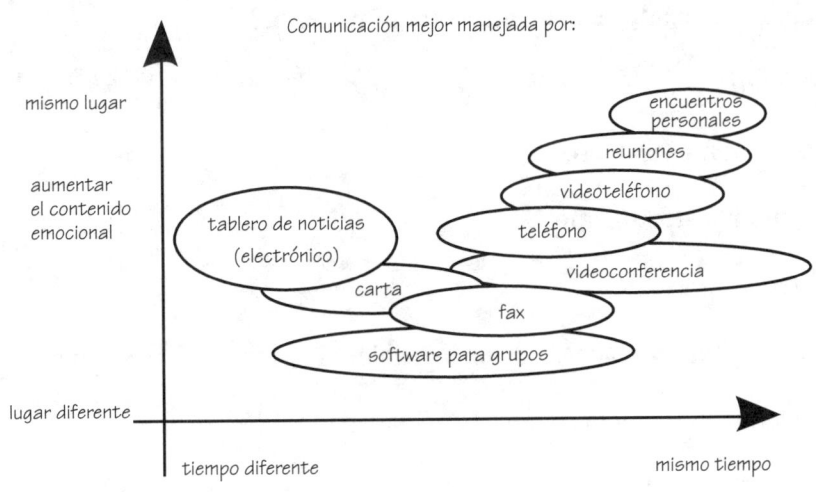

Conéctese con su audiencia: las cinco dimensiones de influencia

No pasará mucho tiempo en su carrera como un agente del cambio inteligente antes de que tenga que levantarse ante la junta directiva y presentar sus recomendaciones frente al grupo asistente. Incluso puede tener que presentarlas ante toda la compañía. Hasta el resumen de un informe en una reunión habitual es una presentación y necesita de mucho cuidado y preparación. En todos estos casos, su trabajo va a influir en su audiencia para alterar la actitud, la conciencia o el comportamiento de ésta. Por consiguiente, la influencia es una herramienta de cambio clave.

La influencia tiene cinco dimensiones, cada una de las cuales responde a una pregunta o preguntas que su audiencia le formula.

* *Intensidad*

  ¿Qué tanto del tema le interesa a usted?

  ¿Qué tan relacionado se encuentra con su material?

* *Credibilidad*

  ¿Qué tan natural y sincero es usted?

  ¿Está siendo "usted mismo"?

* *Orientación*

  ¿Está usted pensando acerca de este problema desde mi perspectiva?

  ¿Está usted respondiendo a mis necesidades?

Profesor emérito de psicología de UCLA que en la década de 1960 realizó un experimento para demostrar la antigua teoría de que "no es lo que usted dice, es la manera como lo dice". Que fuera capaz de demostrar este enunciado no fue una sorpresa, aunque las cifras son sorprendentes. Mehrabian afirma que 93% del impacto de cualquier comunicación humana se genera en la forma como se dicen las palabras: 38% por el tono de voz empleado y el otro 55% por las claves visuales. En otras palabras, su audiencia está decidiendo entre escuchar el contenido con base en si confía en su tono de voz y en su lenguaje corporal. Si estos dos elementos no están alineados con sus palabras, confiarán en el 93% de la forma y no en el 7% de su contenido. La gente sabe cuándo usted está mintiendo.

Personas inteligentes que debe tener a su lado:

Albert Mehrabian

- *Mecánica*

  ¿Hay algo en su lenguaje corporal, su edad visual o el entorno físico que me distraiga?

- *Semántica*

  ¿Está usted definiendo con claridad lo que quiere decir?

  ¿Son las palabras que utiliza fáciles de recordar y motivo de inspiración?

No es sólo lo que usted hace sino cómo lo hace

No es sólo lo que usted dice sino cómo lo dice

No es sólo lo que usted hace sino cómo lo hace

Y eso es lo que produce resultados

(Agradecimientos a Bananarama)

Ideas inteligentes acerca del cambio

Delegue funciones para crear una nueva realidad

Sería muy bueno que aumentar el conocimiento en las organizaciones se considerara como un fin noble en sí mismo. Sin embargo, los negocios tienen el éxito que alcanzan cuando los hacen individuos pragmáticos (elegí con especial cuidado la frase "tienen el éxito que alcanzan", quizá no tan exitosos como podrían ser). En cualquier caso, la charla tiene que parar en algún punto.

Delegar responsabilidades es la herramienta de cambio con la que usted cuenta para crear una nueva realidad; sacar la idea de su cabeza, mezclarla con el entendimiento y el compromiso que su presentación ha generado entre sus colegas, y llevándola a la acción a través de otros.

Lista de verificación para delegar funciones

"Sea usted mismo responsable en un estándar más alto que nadie espera de usted".

H. W. Beecher

Explique el propósito de la tarea

Relacione un propósito pequeño con un Gran Propósito:

* por qué es importante para usted y sus planes

* por qué es importante para la compañía y sus planes

* por qué es importante para la persona en quien se va a delegar

* por qué es apropiado que esa persona lo haga

Aclare los resultados que usted espera:

- cómo parecerá ante sus propios ojos

- **no** cómo intenta llevarlos a donde pretende.

Defina el nivel de autoridad

- Nivel 6. Actúe: no se requiere un contacto adicional conmigo.

- Nivel 5. Actúe: permítame saber qué hizo.

- Nivel 4. Examínelo: permítame saber qué es lo que intenta hacer; hágalo a menos que yo diga "no".

- Nivel 3. Examínelo: permítame saber qué es lo que intenta hacer; no lo haga a menos que yo le diga "sí".

- Nivel 2. Examínelo: permítame conocer las posibles acciones, incluya los aspectos a favor y en contra de cada una y recomiende una para mi aprobación.

- Nivel 1. Examínelo: infórmeme de todos los hechos; yo decidiré qué hacer.

Póngase de acuerdo sobre un límite

- Asegure que usted nunca establece un límite que no trate de mantener y pídales que consideren esto con la misma óptica.

- Pregúnteles qué podrían ellos estar preparados a dejar (o delegar), si fuera necesario, con el fin de cumplir este límite.

**Personas
inteligentes
que debe tener
a su lado:**

Edgar Sehein

Profesor emérito de administración en la Sloan School of Management en el MIT, a Schein se le reconoce ampliamente como creador de la expresión "cultura corporativa". En verdad, su obra *Organizational Culture and Leadership* dio origen a una amplia industria de obras y documentos sobre investigación.

Dicho autor desarrolló el modelo de Descongelar-Cambiar-Recongelar de Kurt Lewin. En la etapa de descongelamiento, Schein señala que se abandonan las actitudes propias y el comportamiento habitual es doloroso, como lo es cualquier pérdida. Así mismo, considera que hay tres procesos que favorecen el cambio:

1. refutar: al demostrar la falsedad de algo que se consideraba verdadero y bueno
2. inducir ansiedad: al resaltar la manera como lesiona al individuo esa pérdida de la verdad
3. brindar seguridad psicológica: hasta el punto que la persona pueda aceptar que la nueva realidad es inevitable.

En la etapa 2, cambiar, la gente rápidamente trata de recuperar parte de la estabilidad para su vida, ya que la etapa de descongelamiento ocasiona una inseguridad significativa. Schein sugiere que dos mecanismos principales originan esta nueva estabilidad:

• *identificación con un modelo de rol*, cuyos propios valores y creencias pueden ser absorbidos.

• *un proceso de ensayo y error*, en donde las personas se exponen a un amplio espectro de experiencia e información.

Si esto le parece como el manual sintetizado de un lavador de cerebros entrenado, entonces usted logra el mayor puntaje en su perceptividad; Schein se involucró en el interrogatorio y repatriación de prisioneros de guerra que habían sido detenidos por comunistas chinos durante la guerra de Corea. Se dice que Schein afirmó mucho después "No hay nada malo en lavar el cerebro", "el comunismo es lo malo".

El trabajo de Schein tiene numerosas implicaciones para lavadores de cerebros inteligentes, perdón, agentes de cambio:

• Se requiere una gran cantidad de trabajo para informar a la gente por qué la "antigua manera" no puede funcionar y no funcionará más; quizá tanto o más trabajo del que se necesita hacer para defender "la nueva manera". Ésta es una tarea sensible y difícil porque produce dolor y eso es algo de lo que muchos escaparían. Es más fácil dedicar sesión tras sesión exaltando las virtudes del nuevo mundo porque nadie ha estado allí todavía; hay poco que invertir diferente a la imaginación. Como tal, es una tarea impersonal, relativamente segura. Pedirle a alguien que renuncie al viejo mundo equivale a un ataque personal, y demasiadas personas le huyen a eso.

- Quizás existen muchos gerentes de las antiguas culturas de ordenar y controlar que en realidad estarían más cómodos con la etapa de refutar. A muchos de nosotros nos falta la capacidad para crear un espacio psicológico seguro. Ganar confianza y permitir la expresión y exploración de emociones difíciles puede no estar en la descripción oficial de su trabajo, pero ciertamente tiene que estar en su inteligencia.

- Hacer lo que usted dice como un líder de cambio lo ubica a manera de un modelo de rol ideal para todas las personas que se encuentran en la etapa de cambio de Schein, buscando a alguien en quien creer. La advertencia aquí, claro está, es que podrían unirse a otro modelo de rol completamente inadecuado. Hay un estupendo relato infantil del doctor Seuss en donde un pajarillo que sale de su cascarón se cae del nido y se pasa las siguientes 40 páginas creyendo que, consecutivamente, un perro, un gato, una vaca, un avión y una excavadora mecánica son su madre. Lo que no resulta divertido es que la gente que necesita un nuevo modelo de rol, a menudo se conecta con las voces más altas y fuertes, y en medio del cambio organizacional, quienes son considerados como "reticentes" y "conflictivos" bien podrían tener estas peligrosas, sirenaicas y poderosamente atractivas voces. Cuídese de su influencia y actúe con decisión en contra de ellas.

- Por último, Schein advierte a los agentes del cambio inteligente que deben tener cuidado en la etapa de recongelamiento. Los antiguos comportamientos y normas que aún existen en la organización —o que la gente recuerda— pueden llevarlos de regreso al estado previo al cambio. (Esto es exactamente lo que sucede cuando usted participa en un curso de reentrenamiento; está lleno de nuevas destrezas y actitudes y está decidido a continuar el mejoramiento pero entonces, cuando regresa al trabajo se encuentra a sí mismo escarbando gradualmente para descender al nivel de actitud de alguien más). En su trabajo de cambio, erradique tanto como sea posible todos los recuerdos de los antiguos modos de hacer las cosas: viejos sistemas, procesos, procedimientos, e incluso elementos como los horarios diseñados al estilo antiguo. Y si está liderando un cambio dentro de un grupo que es parte de otro más grande que no está avanzando a través del mismo cambio, entonces preste particular atención a los límites entre su grupo y el más grande. Instruya a su personal para esperar y resistir la influencia de las formas anteriores. Utilice su poder de *persuasión coercitiva* (el nombre de otro libro de Schein, coincidencialmente) para reunir al grupo más grande tan pronto como sea posible.

Obtenga retroalimentación

• Verifique que se haya entendido la necesidad.

• Verifique el grado de compromiso.

• Verifique la capacidad para realizar la tarea.

• Maneje dudas, confusiones y miedos.

Suministre controles

• Condiciones fundamentales hacia la meta.

• Puntos de revisión interina.

•· Política de puertas abiertas hacia el exterior para aclarar cualquier duda o preocupación.

P: Fulano está siendo muy destructivo para este programa de cambio por ser negativo y reacio. Realmente está llegando al equipo y en especial a los más jóvenes. ¿Qué está haciendo usted al respecto?

R: Estoy de acuerdo en que está comportándose de esa forma. Le dedicaré más tiempo esta tarde. Lo necesitaré para saber cómo hemos estado interpretando su comportamiento; es posible que él no sea plenamente consciente del impacto que tiene. Si lo está haciendo deliberadamente, le preguntaré qué es lo que necesita saber o sentir para ponerse del lado de este programa de cambio; más información, por ejemplo, o entrenamiento; incluso puede necesitar consejería

---

profesional. En la medida que sea práctico y esté dentro del espíritu del cambio, le daré eso. Cuando hayamos llegado a ese punto, él tendrá tiempo para cambiar su comportamiento. Durante ese lapso le aclararé que el antiguo sistema que está apoyando ya no volverá y no se tolerará. Si el cambio no se logra, dejaré en claro que estaré buscando la manera de darle trabajo en otras áreas de la organización. Sin embargo, el punto principal es que le daré la oportunidad de cambiar a su propio ritmo. Entre tanto, haré un esfuerzo adicional con el personal de nivel junior para explicarles que el comportamiento de Fulano, aunque comprensible, es inapropiado y no corresponde con el futuro de la compañía. De esa manera, seré absolutamente claro en precisar cuáles serán las consecuencias de estar de su parte.

Respuestas inteligentes a preguntas difíciles

Prepare premios y reconocimientos

- ¿Qué puede hacer usted para reconocer públicamente el éxito?

- Recuérdele a la audiencia que escucha este reconocimiento público el "ajuste" del trabajo en el contexto de un propósito mayor.

- En la medida de lo posible, equilibre el premio con la persona y el tema del cambio.

6
Alinear la
organización: Parte 2

CONSTRUIR CONFIANZA: LA VERDAD
SOBRE LA RESISTENCIA AL CAMBIO

"El que entre ustedes esté libre de pecado que tire la primera piedra..."

Sagrada Biblia, San Juan, 8-9

Los líderes nunca se resisten al cambio, claro está. El cambio son "ellos". "Ellos" lo hacen.

Resistencia es una palabra interesante, recuerdo de la guerra, y que sugiere que las personas en una organización no tienen nada mejor que hacer que planear en secreto incursiones guerrilleras contra los líderes del cambio. Los líderes del cambio inteligente necesitan contar con una base más realista, inquisitiva y sensible hacia el impacto que el cambio tiene en las personas.

La resistencia es algo bueno

Este capítulo sugiere que no necesitamos "derrotar" la resistencia para cambiar: cuanto más luchemos contra la resistencia, tanto más probable será que ella luche contra nosotros. "Aquello contra lo que te resistes, persiste", como dice Dios en la obra de Neale Donald Walsch, *Conversations with God*). Si el cambio fuera a través del poder y la fuerza, entonces una metáfora como ésta podría ser apropiada. Sin embargo, el cambio no es una batalla. El cambio se refiere a *ayudar* a la gente a adaptarse conscientemente desde un *statu quo* que ya no le sirve a la compañía hacia un nuevo mundo que sí le servirá. Si esto produce los comportamientos que tradicionalmente se conocen como "resistencia", entonces resulta bueno y no malo. ¿Por qué? Por cuatro razones principales:

- Es una señal segura de que el cambio ha comenzado. Cuando la resistencia sale a la superficie, se debe a que las suposiciones y creencias están cambiando: el precedente de que van a ser remplazadas por otras nuevas.

- La resistencia nos dice que lo que hemos intentado todavía no está funcionando perfectamente. La resistencia es retroalimentación. Si miramos debajo de su superficie, encontraremos información valiosa sobre lo que debemos hacer mejor y de manera diferente.

- La resistencia es una respuesta programada y saludable cuando la continuidad y la evolución dependen de ella. Si los seres vivos no tuvieran resistencia para cambiar, probablemente se perderían de la adaptación continua. Las personas que se resisten al cambio rara vez tratan de sabotear los esfuerzos que usted hace; por el contrario, tratan de proteger lo que consideran correcto y valioso. La resistencia permite que usted tenga una oportunidad más para revisar sus objetivos de cambio frente a la realidad del momento. Cuando lleguemos al futuro, ¿de nuestro pasado qué podría conservarse para que nos sea de utilidad? Con frecuencia, en las organizaciones se requiere de una escoba nueva pero no hay necesidad de tirar la alfombra a la basura para deshacerse de la mugre. Trabaje con lo que funcione, sea nuevo o viejo.

- La resistencia es lealtad en acción. El problema es que la lealtad es hacia algo que empezó en el pasado: una cultura anterior, un líder que permaneció mucho tiempo, o simplemente "la manera como acostumbramos a hacer las cosas por aquí". Piense en forma positiva: usted tiene las herramientas para convertir esa lealtad mal enfocada en una lealtad que apoye el cambio. Estaría en serios problemas si su personal no demostrara lealtad hacia nada (en cuyo caso, le volvería a preguntar a dónde va en vacaciones su consultor de reclutamiento).

Lo que ellos dicen: el sonido de la resistencia

He aquí algunas ideas que las personas dicen cuando evidentemente están "manifestando resistencia":

- Es otra moda administrativa.

- Nunca lo hemos hecho de ese modo.

- No puede hacerse algo como eso.

- Al cliente no le gustará eso.

- La tecnología no puede hacer eso.

- Tomaría demasiado tiempo.

- No tenemos suficientes recursos para hacerlo.

- No funcionará, usted lo sabe.

- Si presta atención, le diré cómo podría hacerse; sin embargo, como yo sé que no escuchará, no me molestaré en hacerlo.

> **Citas para citar**
>
> "No hay riña más violenta que la que se presenta entre personas que aceptaban una idea ayer y quienes aceptarán la misma idea mañana".
>
> *Christopher Morley, escritor*

Citas para citar

"Nosotros cambiaremos si creemos que el cambio nos mantendrá".

"No seremos capaces de cambiar si no podemos encontrarnos a nosotros mismos en una nueva versión del mundo".

"Debemos estar en capacidad de ver que las personas que somos estaremos disponibles en esta nueva situación".

Tomado de A Simpler Way

Gracias a Dios, nunca hemos dado excusas como esas, ¿verdad? Eso es porque los líderes nunca se resisten al cambio. El cambio son "ellos". "Ellos" lo hacen.

Bien, lo hacemos. Todos lo hacemos. Estos comportamientos y actitudes son comunes a todas las personas. Todas ellas vinculadas con la elaboración de este libro –yo, usted, aquellas cuyo trabajo forma la base de las ideas que aquí se encuentran– en algún punto hemos tratado de ocultar el miedo que sentimos, detrás de un arranque de arrogancia u obstinación. Estos comportamientos surgen, principalmente, de temores raizales, la mayor parte de los cuales tiene que ver con la pérdida del sentido de identidad de sí mismo.

Lo que ellos quieren decir cuando eso es lo que dicen...

"Tengo miedo..." y más precisamente:

1. "Aunque estoy de acuerdo, no entiendo lo que usted pretende, por qué lo está haciendo o cómo ocurrirá. No soy tonto, es sólo que mis temores y mi diálogo interior me ensordecieron mientras usted estaba explicando sus ideas".

Lo que dirían si pudieran:

> "Entendámonos más. Cuénteme –en una forma que me resulte creíble– que usted comprende mis miedos y tiene algunos medios para manejarlos, antes de que yo tenga que entender sus ideas".

2.   "Yo entiendo, pero lo que pasa es que pienso que no puedo hacerlo".

Lo que dirían si pudieran:

> "Explíqueme con claridad que quiere que yo me quede y que ha considerado que soy capaz de realizar el cambio requerido. En el momento me siento un poco vulnerable, de modo que tendrá que decirme en qué ve que estoy fallando ahora".

3. "Pienso que usted conseguirá a alguien más para remplazarme cuando sea evidente que yo no puedo hacerlo".

Lo que dirían si pudieran:

> "Muéstreme sus planes de nuevas contrataciones; qué planes tiene para entrenarme; ¿son suficientes y/o bastante buenos para ayudarme a cambiar en lo que estoy fallando?"

4. "Mis méritos no alcanzan para lograr estos cambios. Temo que pueda abandonarlo y decepcionar a los míos".

Lo que dirían si pudieran:

> "La magnitud de los cambios parece abrumarme; quizá la tensión que estoy sintiendo me empuje a hacer cosas desproporcionadas. Me siento inútil después de eso. Dígame otra vez que yo puedo y me ajustaré al futuro de la compañía si hago mi mejor esfuerzo. Muéstreme las formas productivas como

podría hacerlo. Ayúdeme a explicarle a mi familia lo que va a pasar, pues están acostumbrados a verme haciendo un determinado trabajo en una cierta forma".

5. "Entiendo lo que está diciendo y en realidad no estoy de acuerdo por algunas razones muy analizadas".

Lo qué dirían si pudieran:

"Lo siento. Es mi falta de confianza la que me hace hablar en forma generalizada. Sin embargo, en realidad me gustaría decirle por qué creo que está equivocado. No obstante, tengo miedo de las consecuencias de verme envuelto en conflictos con usted (además no soy muy bueno para pelear). Tendrá que ayudarme a entender qué es lo que me conviene hablar.

Temores como éstos –y el comportamiento que generan– merecen compasión, no enjuiciamiento.

El enjuiciamiento tiende a cerrar definitivamente todo. Suponga que usted decide que esa es su falla para no entender. ¿Qué va a hacer después? ¿A dónde más puede ir? Todo lo que ha creado es un muro de testarudez. Y los muros (él lo dijo profundamente) tienen dos lados...

Por otra parte, la compasión –reconociendo que usted también es bastante culpable de evasión y autojustificación– deberá llevarlo a descubrir nuevas formas para avanzar. Si, por ejemplo, ellos no entienden, en realidad no importa de quién es la falta. De quién es el problema es la pregunta pertinente. La respuesta es: suyo. De modo que, ¿qué otra cosa puede intentar? ¿de qué otra manera puede comunicar su mensaje y demostrar que entiende las preocupaciones de los demás?

Pregunte:

• ¿Cuál es mi parte en esta "resistencia"?

• ¿En qué puedo cambiar para mejorar la situación?

Lo que sucede entre lo que ellos quieren decir y lo que dicen... y lo que usted puede hacer al respecto

Cuando se enfrenten a un cambio o una comunicación que produzcan una reacción de miedo, lo mejor que pueden hacer es admitir que ellos tienen miedo. Sin embargo, nadie lo hace; el ego no lo permite.

Es más probable que las personas utilicen una o más de las siguientes tácticas de evitación, las cuales son el porqué a los agentes de cambio no les gusta la resistencia y tienden a reaccionar ante comportamientos superficiales en lugar de responder a lo que se encuentra por debajo.

Cuando se enfrentan al miedo, las personas...
... llegarán demasiado rápido a una conclusión acerca de lo que usted quiere decir

Lo que usted debe hacer:

Tómese su tiempo; sea paciente para explicar lo que quiere decir y lo que no (excepto lo que usted sospeche que ellos quieren que usted diga). Compruebe con frecuencia que se hace entender. Repita sus preguntas.

... filtrarán lo que diga y elegirán aquellos fragmentos
de información que sustentan sus temores y dudas

Lo que usted debe hacer:

Escuche lo que dicen y, cuando sospeche que están confundidos con respecto a algunos aspectos de lo que usted ha dicho, explíqueles que están perdiendo otras verdades importantes. Dedíquele tiempo a esto.

... complementarán esa información con otro material del banco de mitos y la pseudohistoria de la cultura corporativa para "demostrar" que usted está equivocado, mal orientado o mintiendo.

Lo que usted puede hacer:

Desafiarlos para entender que usted está hablando sobre el presente y el futuro, y no sobre el pasado; en donde el comportamiento o las tendencias pasadas de la compañía han lesionado sus argumentos, explique con claridad la manera como lo está superando.

... enfocarán y exagerarán el impacto negativo sobre ellos

Lo que usted puede hacer:

Resalte los beneficios positivos a nivel individual y corporativo; aclare que no existe más opcion que la de hacer el cambio; esa incomodidad es natural pero la negatividad no. Reitere que usted ayudará en lo primero pero que no tolerará lo segundo.

... justificarán su comportamiento aduciendo que tiene sentido común y es natural

Lo que usted puede hacer:

Comprenda sus dudas pero aclare que no se permitirán comportamientos indebidos. Pregunte: ¿qué puedo hacer para ayudar a minimizar su incomodidad?

... avanzarán a través de las cinco etapas del duelo

Lo que usted puede hacer:

Permitir que esto ocurra; entienda lo que está sucediendo leyendo sobre...

Kubler-Ross, cómo llegar a un acuerdo con el cambio

La doctora Elisabeth Kubler-Ross en su libro *On Death and Dying*, publicado en 1969, desarrolló un modelo para entender el proceso que las personas viven para aceptar una muerte inevitable. Este clásico moderno de la psicología clínica sugiere que los enfermos terminales pasan a través de cinco etapas, a medida que aprenden a enfrentar lo inevitable:

Etapa 1: Negación y aislamiento

Etapa 2: Ira

Etapa 3: Negociación

Etapa 4: Depresión

Etapa 5: Aceptación

El argumento que sustenta la obra es que en cada etapa se requieren diferentes estrategias de comunicación y que depende de médicos y enfermeras aplicar una enorme sensibilidad y destreza para llevar al paciente tan fácil como sea posible hacia la etapa de aceptación.

El trabajo de Kubler-Ross ha sido retomado por escritores del cambio quienes han establecido paralelos, no sin naturalidad, entre la muerte y el cambio organizacional.

Personas inteligentes que debe tener a su lado:

Daryl Conner

Daryl R. Conner, "el indiscutible gurú del movimiento de la gerencia del cambio" es el fundador y CEO de ODR Inc., una firma de investigación y desarrollo. En la actualidad se le considera una de las principales autoridades sobre el tema del cambio organizacional y se ha dedicado a enseñar en las salas de juntas de gigantes como Mobil Oil, JC Penney, Pepsi-Cola, Levi-Strauss y AT&T, y a actuar como consultor ante organizaciones y gobiernos en Europa, América Latina, Asia y la antigua Unión Soviética. La lista de otras importantes empresas que han utilizado el trabajo de Conner en sus propias organizaciones es impresionante (IBM, McKinsey, Ernst & Young) y una de las señales más seguras de que está haciendo algo bueno.

Su posición es despejar las incertidumbres del cambio humano con procesos claros y conceptos vívidos, el principal de los cuales es lo que Conner califica como "la capacidad elástica humana" que, en su concepto, es lo que separa a los ganadores de quienes constantemente se sienten apaleados por el creciente ritmo del cambio discontinuo. Las cinco características básicas de las personas elásticas son:

- exhiben un sentido de seguridad y confianza en sí mismos que se basa en su visión de la vida como compleja pero llena de oportunidades (**Positivos**)

- tienen una visión clara de lo que quieren lograr (**Con metas definidas**)

- demuestran una flexibilidad especial para responder a la incertidumbre (**Flexibles**)

- desarrollan enfoques estructurados para manejar la ambigüedad (**Organizados**)

- se involucran con el cambio en lugar de combatirlo (**Proactivos**).

Una imagen definida de una persona elástica se identifica porque es: alguien que puede esperar paradojas e incertidumbre por cuanto cree que incluso puede aprender de la adversidad; alguien que mantiene la perspectiva que se le ha dado mediante un fuerte sentido de propósito, alguien que puede conservar su paciencia, humor y entendimiento cuando la presión entre los demás es alta; alguien que puede cambiar sus propios marcos de referencia según las exigencias de la época; alguien que busca los aspectos comunes que se hallan tras una miríada de cambios y aplica en ellos análisis y planeación; alguien que está feliz de asumir riesgos y es bueno para alcanzar los mejores resultados de las destrezas de solución de problemas de todo el equipo. Ésta es una lista impresionante de credenciales y yo sugeriría que más personas pueden presentarlas de lo que muchos escritores sobre el cambio le harían creer a usted.

Sin embargo, ¿cuántas personas redactan su hoja de vida para demostrar estas fortalezas? ¿Cuántas compañías cuentan con un proceso de reclutamiento diseñado para ubicarlos? Todavía vivimos en una era en donde contratamos a las personas según sus destrezas y las entrenamos por la actitud. Las empleamos, entrenamos y premiamos por su capacidad para ajustarse a una posición particular de especialista, y luego nos sorprendemos cuando tienen dificultades para acomodarse o salir de esa posición.

La modificación parece estar en contratar primero por la actitud y, cuando sea necesario, entrenar para ampliar las destrezas. (Southwest Airlines, la aerolínea más rentable de la historia, sugiere esta opción como el elemento central de cohesión para su tremendamente exitosa cultura orientada hacia el personal. Puede leer la obra *Nuts! Southwest Airline's Crazy Recipe for Business and Personal Success* de Kevin & Jackie Freiberg, Broadway Books, 1997). Por intuición, usted considera que es un buen principio. Conozco a más de un director de TI (Tecnología de la información), por ejemplo, que sin vacilación negociaría a media docena de sus genios de programación por un par de las personas elásticas de Conner.

En su excelente libro *Communicating for Managerial Effectiveness* (Sage Publications, 1991), Philip G. Clampitt presenta una tabla con detalles de cómo (y cómo no) responder ante las claves emocionales y de comportamiento que indican en dónde están sus colegas dentro del proceso hacia la aceptación.

Etapa	Acciones identificadoras	Acciones apropiadas	Respuesta inapropiada
Negación	No presentarse en las reuniones	Distinguir puntos de resistencia reales	Pasar por alto la resistencia
	Excesivamente ocupado con tareas rutinarias	Discutir aspectos positivos y negativos del cambio	Ridiculizar la negativa de la persona
	Menos socialización	Legitimar intereses	
	Aplazamientos	Discutir (vender) racionalmente el cambio	

Etapa	Acciones identificadoras	Acciones apropiadas	Respuesta inapropiada
Ira	Estar irritable	Conservar la calma	Llegar a conflictos en la relación
	Considerar el sabotaje	Aclarar los detalles del cambio	Amenazas
	Inclinado a las confrontaciones	Demostrar entendimiento de la ira a la vez que se enfatiza con firmeza en la necesidad del cambio	Culpar a los demás por el cambio
	Parecer confundido por nimiedades		Tomar las discrepancias a nivel
		Permitir algo de discusión	
Negociación	Tratar de negociar	Ser flexible con respecto a temas sin consecuencias	Rechazar enérgicamente las sugerencias
	Negociar favores		
		Ser firme en relación con la posición básica	Rendirse ante las exigencias de los empleados
	Hacer promesas		
		Enfocarse en los beneficios a largo plazo	Fingir estar de acuerdo
Depresión	Permanecer callado	Mostrar interés	Presionar para lograr una aceptación total
	Parecer apático	Conceder espacio	Mofarse de los sentimientos
	Perder el trabajo	Animar las discusiones con otros que hayan aceptado totalmente el cambio	
	Parecer indiferente		Mostrarse demasiado feliz y frívolo
	Tener aspecto sombrío		
Aceptación	El cambio se implementa con especial cuidado	Animar sugerencias adicionales	"Se lo dije"
	Regreso a la atmósfera normal	Recobrar la comunicación "normal" Premiar	Hacer bromas sobre las reacciones anteriores

> "... los idealistas están de acuerdo con la realidad fundamental de la naturaleza humana. Son los llamados realistas, quienes se encuentran fuera de base, lo mismo que son cínicos e inútiles. No me refiero al romanticismo. Yo defino a un romántico como 'alguien que no solamente cree en la transformación de la naturaleza humana sino que también cree que debe ser fácil'. No es fácil. Existen razones de fondo de por qué no es fácil. Nuestra tendencia a resistirnos ante nuevas formas es parte tanto de nuestra naturaleza como de nuestra capacidad para cambiar".
>
> M. Scott Peck, *Community Building*

Citas para citar

Cómo comunicar el cambio anticipándose a la resistencia

Dos de los enunciados estimulantes que he expresado en este libro son:

1. *La gente no teme al cambio*

y

2. *La gente no se resiste al cambio.*

Ahora presento uno nuevo:

3. *Las personas son creativas naturalmente y sin esfuerzo.*

Los enunciados están todos relacionados. Esto se debe a que las personas son creativas naturalmente y sin esfuerzo, y por eso presentan comportamientos que otros grupos de individuos califican como "resistencia al cambio". Estos comportamientos no son una reacción ante el cambio sino la manera como éste se comunica.

Por ejemplo:

- pedirle a una persona creativa por naturaleza que *no* ayude a crear una solución es un insulto a su autoestima

- pedirle a una persona creativa por naturaleza que acepte un diseño o un plan predeterminados y con demasiados detalles es un insulto al respeto a sí mismo.

De modo que las personas, con frecuencia, pueden resentirse o llegar a deprimirse porque consideran que se les ha insultado. Puede no ser un comportamiento muy maduro o "profesional" pero es claro: no se resisten al cambio, se resisten a usted. Están demostrándole, en formas principalmente inconscientes (porque no están tan disgustados con usted como para decírselo en forma directa) que usted ha sido rudo, desconsiderado y no ha dirigido de manera suficiente su comunicación en dirección a la audiencia.

Una lista de verificación para comunicar el cambio, que ubica en primer lugar a las personas

¿Cómo:

- me anticiparé al posible comportamiento de "resistencia" poniéndome en el lugar de los demás y entendiendo sus temores?

- demostraré que el cambio es ventajoso con respecto a las prácticas anteriores, de manera que ellos puedan sentirse atraídos a él?

- demostraré que el cambio busca construir una mejor compañía para sus grupos de interés y no es una excusa de algún asesor o del CEO para elevar su ego?

- demostraré respeto por las prácticas anteriores y no haré que mi audiencia se sienta censurada o estúpida?

- demostraré la prontitud y las maneras como podrán observar los beneficios del cambio?

- aclararé lo que *no* es el cambio?

- haré claridad en que sé que mi audiencia tiene la capacidad de cambiar y que esto siempre la llevará a superar cualquier problema o barrera que surja?

- demostraré que el cambio está claramente conectado con la dirección estratégica de la organización o que corresponde a un cambio importante en las necesidades del cliente? De esta manera, yo podré demostrar que el cambio es vital para el trabajo de la compañía y no algo "para hacer por el camino" de ese trabajo.

- presentaré una lista que les ayude a establecer los detalles del "esqueleto" de mi plan de cambio? ¿Cuál será el cronograma de actividades que he planeado que se refiera a su creatividad (y no que simplemente las incluya)?

- (lo siento, olvidó eso, debo haber estado mascullando. Repito:) ¿Cuál será el cronograma de actividades que he planeado que se refiera a su creatividad (y no que simplemente las incluya)?

- demostraré que hay suficiente flexibilidad para modificar el programa de cambio si no se desarrolla como se espera?

- y cuándo elegiré el canal de comunicación que ha de usarse?

- estimularé la retroalimentación? ¿Podría yo preparar, por ejemplo, un documento acerca de este cambio para demostrar que he considerado algunas de las preguntas que ellos podrían plantear? No obstante, ¿qué más podría hacer?

- les daré seguridad de que estoy dispuesto a recibir toda forma de retroalimentación? ¿Qué canales podría establecer para captar retroalimentación posiblemente sensible, personal e inclusive anónima?

- demostraré, después de haber comenzado a recibir retroalimentación, que estoy escuchándola y respondiendo a ella? Podría, por ejemplo, emitir un boletín de "aspectos de actualidad" y dar mi respuesta a cada uno, diciendo:

  – Sé que existe cierta preocupación con respecto a posibles despidos...

  – Sé que algunos de ustedes están preocupados por las nuevas estructuras del equipo...

- demostraré que me comporto de una manera congruente con el cambio (por ejemplo, si estoy hablando de innovación, doy una o dos formas novedosas de recibir retroalimentación; si estoy hablando acerca de calidad, preparo folletos con una excelente presentación)?

- consideraré toda mi estrategia de comunicación como una campaña publicitaria para el cambio, sabiendo que si puedo influir para que ellos *quieran* el cambio, no tendré que esforzarme demasiado para conseguir que tengan que hacerlo?

- garantizaré que estoy manteniendo el *momentum* de la comunicación que anima, enorgullece y guía a las personas hacia el mundo cambiante, sin que se convierta en repeticiones que las alejan? (*véase* la regla de las 7x)

- garantizaré que tengo claro que no estoy ciego ante el dolor y la dificultad que con frecuencia trae consigo el cambio?

- capacitaré y entrenaré a otros para difundir esta comunicación a través de la compañía?

- permitiré que los demás manejen los conflictos que puedan surgir (sabiendo que el personal podría considerar a "los mensajeros" como un objetivo más fácil que yo)?

P: Estamos de acuerdo con lo que hemos escuchado acerca de la resistencia. Sin embargo, veamos el lado positivo. ¿Cómo sé que mi gente está verdaderamente comprometida?

R: Conner sugiere que las personas pasan a través de ocho etapas para demostrar su compromiso. Las dos primeras son etapas de la fase de **Preparación**: primero es el contacto con el cambio inminente a través de un discurso, memorando, reunión, y luego la conciencia de que sucederá. Las siguientes dos etapas están en la fase de **Aceptación** y son entendimiento y percepción positiva. La tercera fase y la final es el **Compromiso**, en donde el cambio pasa de la intención a la realidad, y consta de cuatro etapas: instalación cuando el cambio se pone a prueba durante un periodo piloto; adopción, cuando el cambio se generaliza más y se amplía su duración; institucionalización cuando se rediseñan los sistemas y procesos para asegurar el cambio y, finalmente, la interiorización, cuando las personas afectadas han llevado el cambio hasta su corazón, "aceptando sinceramente" lo que usted podría decir.

Respuestas inteligentes a preguntas difíciles

Termino este capítulo con una pregunta.

El principal problema al ver el cambio como orientado por las metas es que el *momentum* se construye para lograr esa meta. Todos los planes del proyecto se configuran, con líneas críticas dirigidas hacia el resultado definitivo. A las em-

"Cinco sapos estaban en un estanque. Uno decidió saltar. ¿Cuántos sapos quedaron?

Cinco. Existe una gran diferencia entre decidir saltar y saltar en realidad. Los líderes que inspiran a sus seguidores saben cómo conseguir un compromiso total, de modo que no quede ningún sapo en el estanque corporativo. Liderazgo de cero sapos".

Gay Hendricks, The Corporate Mystic

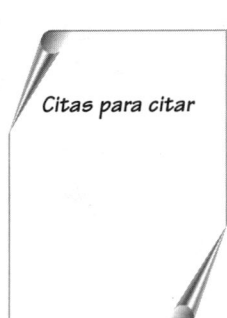

Citas para citar

Preguntas que matan

Me gusta este plan. Grandioso. Ahora, ¿qué haremos si conseguimos ubicarnos en donde dice el plan que estamos listos para implementar pero sabemos que la mayoría de las personas no están comprometidas de verdad? ¿Sancionará usted un retraso en la implementación, o seguirá adelante a pesar de ello?

presas no les gusta admitir el fracaso. "Hemos fijado una meta y la alcanzaremos; el gerente de proyecto dice que lo lograremos".

El problema está en que la gente no se ajuste bien a los planes del proyecto. Las personas cambian a diferente ritmo, por distintas razones. Incluso después de todos sus esfuerzos para lograr consenso y confianza, las personas seguirán siendo volubles y oponiéndose. Usted se enfrenta a una pregunta difícil: ¿Qué pasa si el nivel de compromiso no está al mismo nivel del plan del proyecto?

7

Alinear la organización: Parte 3

CAMBIAR LA CULTURA

Las organizaciones son como cajas de petri de laboratorio. Cultivan las culturas.

Diez aspectos inteligentes para saber acerca de la cultura corporativa

1. Todos creamos cultura al 100%. Incluso el cinismo y la apatía contribuyen a ello y son una parte real de la cultura que existe. Ser inteligente es saber que usted tiene una opción para comportarse y que la opción crea la realidad de su cultura.

2. Tal como nos lo dice el modelo de la pirámide en espiral: no podemos dejar de comunicar; con la cultura ocurre lo mismo: no podemos dejar de crearla.

3. Algunos optan por tolerar, mantener o reproducir extrapolaciones de culturas pasadas en lugar de crear otras nuevas; sin embargo, a su manera sigue siendo creación.

4. Es verdad que algunas culturas han sido formadas por líderes fuertes. No obstante, todo lo que eso significa es que ellos tienen grandes capacidades de manifestación y dirección; ellos mismos avanzan por el lado de la creación y no por el de la tolerancia.

5. Excepto por unos pocos casos extraordinarios, las culturas suprimen el desempeño porque impulsan a la gente hacia un mundo pasado (*véase* diagrama en p. 129). Excepto por unos cuantos casos extraordinarios, esta expresión de la cultura en el comportamiento de las personas no es intencional o malévola. Si usted está tratando de llevar a su compañía hacia el nuevo valor del *cliente primero* y todos parecen estancados en el viejo valor de la *tecnología es el rey*, entonces es improbable que hagan lo que se requiere, a pesar de que usted esté. Ellos actúan en concordancia con su propia lógica: *la tecnología es el rey que lleva al éxito, la tecnología es el rey que lleva al éxito, la tecnología es el rey que lleva al éxito*. Imagínese la confusión en que se encuentran cuando usted les dice que *la tecnología es el rey* ya no es suficiente. Inclinarse hacia la confusión en lugar de castigar la resistencia es una forma más saludable para avanzar.

Citas para citar

"Los organismos no experimentan los ambientes. Los crean".

R. C. Lewontin

6. Recuerde que en el trabajo del cambio de cultura usted no sólo está modificando la cultura de su compañía, sino también una cultura universal.

La mayor parte de las culturas que ahora parecen ocultar y suprimir a la gente, simplemente son resultado de una Era anterior de Organizaciones. Casi desde su concepción, las organizaciones han sido diseñadas para crear orden, controlar la diversidad y la sorpresa, e instituir el comportamiento. La gente en el trabajo se adaptó a esa realidad: la empresa produjo una "cultura del sitio de trabajo" que por muchos años fue válida para casi todas las compañías (y las culturas corporativas por separado simplemente son variaciones de ella):

"El mejoramiento requiere liderazgo. Nunca habrá demasiado mejoramiento. Nunca habrá demasiado liderazgo. Todos debemos ser líderes y todos debemos ser seguidores".

Richard Koch

Nota: existe otro motivo para que Richard Koch tenga razón al decir que todos debemos ser líderes, en el sentido clásico de precisar oportunidades y amenazas, y sacudir el *statu quo* para hacer que las cosas cambien. Esto se debe al viejo problema que enfrentan todas las organizaciones: ser dirigidas y conducidas por ejecutivos que están casi al final de su carrera. ¿Por qué diablos desearían convertirse en seguidores de la transformación? Ellos únicamente han conseguido lo que han trabajado durante su carrera. ¿Qué pasa con las opciones del mercado? ¿Qué pasa con su pensión? Lo irónico no es que la gente más ansiosa no se encuentre en las posiciones de poder, sino que los modelos de rol con que cuentan bien pueden estar manteniendo activamente el *statu quo*.

Citas para citar

Cómo están formadas las culturas
que han suprimido el desempeño y el cambio

Crecimiento

Dominio del mercado

Burocracia/microgerencia
para repetir el éxito

Arrogancia Política Centradas en sí mismas
Dirección de valores interiorizados > Liderazgo
Energía de sostenimiento > Energía creativa

conformidad, no combatir lo establecido, seguir las reglas, la paz produce beneficios, etc. Debemos recordar que vivimos en una generación que ha surgido de la antigua "cultura del sitio de trabajo"; mi padre vivió en esa cultura y probablemente el suyo también.

Sólo desde hace poco hemos decidido diseñar organizaciones que liberen el potencial, maximicen la creatividad y nutran el conocimiento. Cambiar nuestras creencias acerca de lo que queremos que hagan nuestras organizaciones requiere segundos. Modificar la estructura y los sistemas organizacionales para reflejar nuestras creencias y alinearlos con ellas toma mucho más. ¿Cuánto tiempo se necesita para que una sociedad desarrolle una nueva "cultura en el sitio de trabajo" que equilibre estas nuevas organizaciones? Años. ¿Una generación? La gente reaccionará ante la liberación que implica una nueva "cultura del sitio de trabajo" con índices ampliamente diferentes y con distintos grados de apertura.

7. *La cultura se aprende y es transmisible.*

Como individuos, en definitiva somos entes mutables a los que puede moldear la cultura en donde estamos. Las personas crean su propio entorno y son moldeadas por él. Ese es el porqué gran parte del cambio se refiere a *desaprender* la antigua manera de hacer las cosas.

8. *La cultura es un sistema dinámico que cambia continuamente a través del tiempo.*

Esto significa que el aprendizaje nunca termina. En otras palabras, la capacidad para aprender es innata a una cultura a menos que se hayan impuesto controles artificiales en sentido contrario. (En la película *Jurassic Park*, lo más aterrador de las principales criaturas del horror, los velocirraptores, fue su capacidad para aprender, la cual los llevaba a un gigantesco paso evolutivo más cerca de nosotros). El hecho de que las culturas cambien debe darnos tranquilidad cuando estemos considerando tratar de cambiarlas.

9. *La cultura es selectiva.*

La cultura implica elecciones: todas las culturas están integradas por una serie de selecciones desde el conjunto del comportamiento y la experiencia posibles de los seres humanos. Son las elecciones que el grupo ha hecho, consciente e inconscientemente, las que lo identifican con una cultura propia y lo separan de otros grupos que han tomado decisiones diferentes. En el Reino Unido, por ejemplo, hemos elegido el individualismo. Japón ha elegido el comunalismo. En los Estados Unidos se enseña el valor de la juventud, mientras que en China se respeta y valora la ancianidad. En Japón, el trabajo se elige como un fin, en el Reino Unido se aprende como un medio. No hay nada genético que le diga a una niña japonesa que el trabajo es un fin en sí mismo. Ella aprende que su sociedad la ha elegido como apropiado y se adapta de acuerdo con eso. Esta resonancia cultural se comunica en los productos y valores de trabajo y debe tenerse en cuenta.

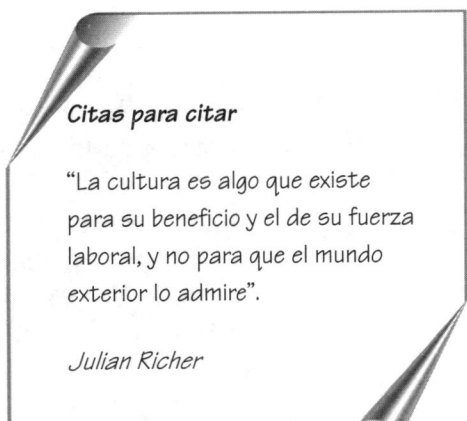

Citas para citar

"La cultura es algo que existe para su beneficio y el de su fuerza laboral, y no para que el mundo exterior lo admire".

Julian Richer

10. *La cultura es septocéntrica.*

Del latín: *septum,* "partición". Las culturas son separatistas por su propia naturaleza. Siempre percibimos las culturas desde nuestra propia posición en el centro de uno. Éste es el porqué las organizaciones encuentran tan difícil concebir el aprendizaje de una manera diferente para trabajar ("¡nunca antes se ha trabajado algo así aquí!"). Éste es un mecanismo particular de defensa con el que la gente se queja de su cultura corporativa en un instante y al siguiente clama que es imposible cambiarla.

La simplicidad del cambio de cultura: trabajar con lo que funciona

La clave para que la cultura cambie es muy, muy directa. Como cultura es lo que usted crea, sea que lo intente o no, esto significa que usted está creándola (o sosteniéndola/reproduciéndola) cada minuto del día. Usted ya está haciendo cultura. Todo lo que usted piensa que necesita para cambiar la cultura ya lo tiene. Todo lo que usted piensa que necesita aprender, ya lo sabe. Exactamente los mismos principios que usted sigue para crear una gran cultura, ya los está siguiendo para crear una terrible. De modo que la simplicidad del cambio cultural está en modificar la manera de pensar y actuar de los individuos. Recuerde:

1. *Saber que lo que usted quiere por encima de todo lo demás, crea cultura*

Su compañía bien puede ya demostrar este punto perfectamente. El problema en la mayor parte de las compañías es que en realidad no han decidido cuál es su visión, qué es lo que quieren por encima de todo lo demás. Como resultado, su cultura está fragmentada o no es clara. O quizá la mayoría de las compañías en secreto quieren una "gran cultura" en el tercer lugar de la lista, después de grandes utilidades y aumento en los ingresos. De ese modo producen una cultura que refleja esa posición en la jerarquía de necesidades.

Éste es el porqué resulta crucial crear en conjunto una visión, lograr compromiso con ella y así sucesivamente; no obstante, también pregúntese si *realmente* la quiere. ¿Está preparado para lo que implica lo que usted dice que quiere?

He visto enunciados de la visión publicados por compañías que atestiguan la fe que ellas tienen en el talento de su gente, cuando resulta claro que no han logrado un acuerdo sobre lo que esa fe podría significar para ellas como líderes. En realidad, en el fondo de su corazón, aún no están listas para confiar, dar *empowerment* ni desarrollar a su personal. En verdad, en el fondo de su corazón todavía quieren controlarlos. Y las culturas corporativas surgen de lo que los líderes de verdad, de verdad quieren, no de lo que de verdad, de verdad, dicen.

2. *Alinear todo detrás de su visión crea cultura*

Resulta probable que su compañía también compruebe esto. Sin embargo, si la visión no es clara la alineación será imperfecta. Quizá su compañía quiere mu-

> En Mitel Corp de Canadá, el personal del departamento de pruebas repetía habitualmente las pruebas que ya habían realizado sus colegas de diseño e ingeniería. Ahora tenemos una política de "prueba única" que ha reducido en una semana completa el tiempo promedio de desarrollo de producto.
>
> En la actualidad, el cambio es parte de la cultura. La actitud es eliminar lo que usted ve que no tiene sentido. El personal simplemente ya no permanece más como barricadas en la carretera.
>
> Stephen Quesnelle, Head of Quality Programs

chísimas cosas diferentes por encima de todo lo demás, y alinea distintos sistemas y procesos de manera variada con esas necesidades. Las necesidades fragmentadas se reflejan en sistemas fragmentados que refuerzan una cultura fragmentada. O quizá todavía tienen sistemas que son un rezago de las formas antiguas de hacer las cosas. Así, por ejemplo, la gerencia exhorta a la toma de riesgos y a la innovación, pero el procedimiento para conseguir la autorización para el presupuesto necesario es lento, burocrático y no genera confianza. O el valor se dirige hacia el trabajo en equipo pero el sistema de compensación está encaminado hacia el logro individual.

El cambio de una cultura no es magia negra y tampoco es un misterio. Ni siquiera es importante cuál sea la definición de cultura que usted utilice o cuáles sean las dimensiones que usted cree que tiene. ¿Quién se fija en lo que yo defino como cultura? ¿O en lo que define Charles Handy? Emplee cualquier definición que funcione para usted. Y decida cuáles de sus principales componentes se encuentran en su compañía.

Todo esto alude a que para cada área de su cultura que usted haya identificado como débil, usted crea una nueva conciencia de lo que tiene y quiere, y entonces alinea sus comportamientos y sistemas alrededor de ella.

Cómo la falta de alineación menoscaba la visión en siete áreas de la cultura

Dimensión cultural 1: clima	*Realidad*
Visión	murmuración continua; el mal humor
"un ambiente divertido"	arrasa; la agitación no tiene alivio

Dimensión cultural 2: enfoque	
Visión	*Realidad*
"un sólido sentido de propósito"	dirección limitada y/o sin establecer; no
	está dividida en estrategias específicas u obje-
	tos de equipo

Dimensión cultural 3: liderazgo y gerencia	
Visión	*Realidad*
"se concede empowerment a los	los gerentes acumulan información; hay
modelos de roles"	intercompetencia

Dimensión cultural 4: estructura, sistemas	
Visión	*Realidad*
"toma rápida de decisiones"	revisiones burocráticas y sistemas para
	ganar autorización

Dimensión cultural 5: recursos	
Visión	*Realidad*
"expertos con destrezas	destrezas subutilizadas
complementarias	

Dimensión cultural 6: desarrollo personal	
Visión	*Realidad*
"crece gente grande"	sistema de premiación que mira hacia
	atrás; "no hay tiempo" para
	entrenamiento

Dimensión cultural 7: enfoque en el cliente

Visión	Realidad
"se entrega satisfacción al cliente"	el usuario final se ve como un generador de problemas o un obstáculo para el "éxito" de los proyectos

Para dar capacidad a las culturas se requiere la alineación entre una visión compartida y de compromiso para cada área cultural, y la realidad de los sistemas, actitudes y creencias en el área correspondiente. El cambio de la cultura se refiere a establecer estas visiones y hacer los ajustes de alineación necesarios.

En otras palabras:

Conciencia

- saber qué es lo que usted quiere

- saber en dónde se encuentra usted.

Alineación

- cambiar sus comportamientos, sistemas y actitudes hasta que se encuentren alineados con lo que usted quiere

- mantenerse consciente para ayudar a seguir el avance de su progreso

- trabajar con lo que funciona; aprender de ello y descartar lo que no sirve.

Ideas inteligentes acerca del cambio

La palanca más poderosa en el cambio cultural es querer cambiar sinceramente. La medida de nuestro éxito en todo esto será cuánto en realidad queremos que las cosas sean diferentes.

Incluso como líder del cambio inteligente, usted se sorprendería de la cantidad de personas que dedican 50 o más horas de su vida a una cultura tóxica y en realidad quieren ser diferentes (no son masoquistas, claro). Usted se sorprendería de la cantidad de energía que se libera cuando vincula a la gente para crear un nuevo propósito.

Ocho ejemplos de intervenciones positivas en la alineación

- *Descripción del trabajo*
  todas las posiciones, desde el cargo de auxiliar de recepción hasta el de CEO, tienen una orden y una expectativa de que crearán el cambio, desafiarán el *statu quo* y trabajarán la visión en contexto.
- *Liderazgo*
  modela, influye y refuerza la aceptación de los empleados y su entendimiento de la nueva cultura en toda oportunidad posible: *qué* y *por qué*.
- *Medición del desempeño*
  garantiza que se premien los resultados derivados de la aplicación de nuevos valores y creencias.
- *Reclutamiento*
  desde la publicidad hasta el aviso de oferta laboral, el proceso hace énfasis en el "ajuste" con la nueva cultura.
- *Comunicación*
  todo correo electrónico enviado tiene un archivo de firma con una cita, elegida para reflejar los nuevos valores o el propósito.
- *Entrenamiento*
  proveedores elegidos básicamente por su entendimiento del cambio y por su capacidad para adaptar su material a la nueva cultura, tanto en contexto como en estilo.
- *Cliente*
  Relaciones públicas, publicidad y literatura corporativa presentan la nueva cultura y explican cómo ésta mejorará tanto el producto como el servicio.
- *Diseño de la oficina*

Permite lograr los comportamientos implícitos en la visión; es fresca, clara y brillante.

Las siguientes palancas más poderosas son lo simbólico y lo heroico: aquello que las personas ven y las etiquetas que le ponen. Ese es el porqué si usted no puede hacer cambiar a la gente, debe remplazarla; es decir, pedirles que se vayan. En la medida que esto no se haga como un golpe de poder, prescindir de la "vieja guardia" que creó la antigua cultura que ahora resulta inapropiada, puede acelerar el cambio cultural de manera vertiginosa.

Al mismo tiempo, es posible acrecentar los nuevos valores y normas de la cultura ascendiendo a quienes incorporen la Visión en su comportamiento. Incluso mejor, quienes rompan las reglas tradicionales para dar un ejemplo positivo de ellas: propiciar ascensos diferentes a los tradicionales o fuera de los parámetros habituales del avance profesional.

Sin embargo, las culturas no pueden ilustrarse simplemente; deben explicarse porque de otro modo quedan abiertas a errores de interpretación. El líder debe decir, en efecto, *cuáles* son las nuevas normas culturales –la manera como se harán las cosas aquí– y éste es el *porqué...*

Esta combinación de información y experiencia ayudará a cambiar los patrones de creencias. Esto, a su vez, alimentará la red de comunicación y generará un nuevo conjunto de supuestos y valores compartidos que son el terreno de la nueva cultura. El cambio de cultura se refiere a suscitar y sostener nuevas normas.

Alinear la cultura detrás de la visión que usted tiene, fácilmente permite cambiar el flujo a través de la organización. Los errores de alineación causan confusión y generan conflictos.

8
Alinear la organización: Parte 4

MEDIR Y EVALUAR EL IMPACTO DE LAS INICIATIVAS DE CAMBIO

"No todo lo que puede valorarse tiene valor y no todo lo que tiene valor puede valorarse".

Albert Einstein

Este capítulo alude a lograr consenso sobre los beneficios y medidas de los proyectos de cambio, al igual que a la revisión regular para verificar que usted se encuentra en dirección a su objetivo.

En otras palabras, trata sobre:

Conciencia

- saber qué es lo que usted quiere
- saber en dónde se encuentra usted..

Alineación

- cambiar sus comportamientos, sistemas y actitudes hasta que se encuentren alineados con lo que usted quiere

- mantenerse consciente de lo que está sucediendo a su alrededor, de modo que pueda ajustar continuamente su comportamiento

- trabajar con lo que funciona; aprender de ello y descartar lo que no sirve.

El cambio debe ponerse a prueba

El cambio puede ser un santo Tomás dudoso. Necesita señales y confirmaciones. No se consigue mucho sólo con palabras ni considerando quién sea el vocero. "¡He regresado!" anuncia Cristo, proclamando una transformación con un poder y profundidad sustanciales.

Voces inteligentes

Nosotros aportamos sangre, sudor y lágrimas para crear e implementar el sistema que ellos habían solicitado. Fue un trabajo que nos ocupó noches enteras, una tras otra. Pizza fría al desayuno. Sin dejar de trabajar. Parecía grandioso. En verdad, en ese proyecto tuvimos un mejor espíritu de equipo que en cualquier otra época desde que se creó nuestra división. El problema fue que, la siguiente vez que pensamos con cabeza fría, entendimos que en el departamento estábamos produciendo el sistema que ya había dejado de existir. Estábamos justo ¡haciendo que ocurriera! Nos metimos en el viejo pensamiento machista de que si usted sudaba, jadeaba y tenía callos en sus manos, entonces estaba haciendo un buen trabajo.

Analista de sistemas, High Street Bank

"¡Claro, claro, volviste, qué emoción!" responde Tomás, "¡Demuéstralo! Muéstrame la herida en tu costado. ¡Oh! De acuerdo, parece bastante real... Pero apuesto que no puedo meter toda mi mano... Oh, Ah, ¡Jesús! ¡Cristo! ¡Eres tú!"

• El cambio exige una prueba real, medible, innegable, sobre un consenso establecido por anticipado.

• También requiere verificaciones regulares durante el proceso, para comprobar que todo funciona en la dirección requerida.

Ahora sabemos que trabajar duro debe coincidir con trabajo inteligente.

Cuando usted propone un cambio, debe demostrar que está pensando en términos muy precisos acerca de cambios visibles y concretos en la manera como la organización trabaja, y no con esperanzas nobles pero vagas de algo mejor que lo que existe ahora.

Demostrar que usted está preparado y es capaz de medir y evaluar el cambio:

• probablemente es la *única* manera en que conseguirá recursos o fondos para el esfuerzo de cambio

• demuestra que existe un hemisferio cerebral izquierdo con el rigor y la disciplina necesarios para cambiar, aunque (como se ha demostrado en este libro) el verdadero trabajo de cambio se encuentra en las áreas psicológicas, más suaves, de la experiencia humana

• los involucra emocionalmente en el cambio, debido a que usted demostrará la manera como éste los ayudará

• ayuda a conseguir compromiso ya que sus medidas les dirán cuáles beneficios podrán ver y cuándo

P: "Oh, vamos, todo consiste en hacer que las cosas sucedan. Usted puede dedicar todo el tiempo que quiera a fantasear. Sin embargo, en esta compañía, ¡todavía calificamos por los resultados! ¿Cuándo vamos a dejar de pensar en el futuro y a seguir adelante con eso?".

R: "Entiendo su frustración. Quiero garantizar que conseguiremos los resultados que en verdad queremos. Quiero ayudar a evitar que subamos las escaleras solamente para encontrarnos con que las hemos apoyado contra las paredes que no correspondían".

- mantiene a la gente de su parte durante las épocas de fatiga, estrés y desilusión del cambio, por cuanto usted podrá demostrar las señales indicadoras que han superado y las que se acercan. En otras palabras, fraccione los cambios largos y complejos en etapas o secciones definidas.

Cuál es el aspecto de una prueba

El cambio lo desafía: "Demuéstrelo"

- ¿Quería usted escribir poesía? Demuéstrelo; muéstreme.

- ¿Quería ir al gimnasio tres veces a la semana? Demuéstrelo; muéstreme.

- ¿Quería mejorar la comunicación con su cónyuge? Demuéstrelo; muéstreme.

- ¿Quería la prueba beta para el módulo de tórax y tenerla implementada para la Pascua? Demuéstrelo; muéstreme.

- ¿Quería crear una cultura de innovación y toma de riesgos inteligente? Demuéstrelo; muéstreme.

¿De modo que usted quería una mejor comunicación con su equipo?

Algunas señales de cambio que deben prepararse

- **Visuales:** las cosas tienen un aspecto diferente.

  Las personas no quieren sentarse juntas para almorzar. Hay más reuniones *ad hoc* entre los miembros del equipo. El flujo del correo electrónico entre la gente ha cambiado (por ejemplo, la lista de receptores adicionales en el encabezado de un mensaje que ahora es necesaria y antes no). Existe un enunciado de propósito que debe observarse. Hay una circular. Hay un evento programado en su organizador para el mes próximo invitando a los usuarios a asistir y reunir el equipo y precisar el progreso del mercado en su trabajo de proyecto. Los miembros sonríen más y fruncen el entrecejo menos.

- **Auditivas:** las cosas suenan diferente.

  La relación entre la gente que hace preguntas y quienes hacen enunciados, cambia. Las personas utilizan un lenguaje que expresa más colaboración, interés, sensibilidad y felicitaciones. Hay más silencio del que era habitual en las reuniones porque la gente en realidad está escuchando y/o reflexionando. Existe más ruido del que era habitual en las reuniones porque la gente está contribuyendo, desafiando, riendo.

- **Numéricas:** las cosas toman más o menos tiempo del esperado.

  La cantidad de comunicados por correo electrónico sobre temas relacionados con el equipo aumenta (esto incluye comunicaciones que favorecen el contacto social: chistes, invitaciones al bar, etc.).

- **Sensibles:** las cosas se sienten diferente.

  Usted siente que el enunciado del propósito es relevante y se está procediendo al respecto. Siente que la risa es genuina y no forzada. Siente que hay sinceridad y honestidad en las conversaciones con los miembros del equipo. Usted siente que se están logrando avances reales hacia la meta de "mejor comunicación". En este ejemplo, sentir que las cosas han cambiado es una verificación extra de las claves visuales, auditivas y numéricas. Si los números le dicen que el cambio ha ocurrido, pero usted no siente que así haya sido, podría desear hacer otras preguntas. ¿En realidad estoy midiendo las cosas de manera correcta? ¿Qué medida he olvidado?

De modo que ¿puede probar que el cambio en que está trabajando está sucediendo?

Si está cambiando su vestuario, puede decir cuándo ocurrió. Algunos trajes que no tenía unos minutos antes se ven reflejados ahora en su espejo. Los viejos están en el piso o arrugados a los pies de la cama. *Su evidencia es visual.*

Si usted está cambiando de dirección después de mudarse, puede decir (por lo general) cuándo escribió los nuevos datos en una tarjeta postal y la envió por correo a sus amigos. Usted puede decir que el cambio ha sido exitoso porque ha recibido tarjetas de Navidad y el teléfono timbra ocasionalmente. *Su evidencia es visual y auditiva.*

Si usted decide mejorar sus ingresos, puede decir que ha tenido éxito en ello porque la cifra en el renglón de saldo de su extracto bancario es mayor de lo acostumbrado y está impresa en negro y no en rojo. *Su evidencia es numérica.*

Cualquier cambio, sin importar lo serio o banal que pueda ser, produce señales externas, concretas y observables.

No es diferente en su proyecto de cambio.

¿Cómo demuestra o comprueba usted que su cambio está funcionando? Usted está de acuerdo y diseña los beneficios y medidas en su plan de cambio *antes* de comenzar.

Conseguir compromiso logrando un acuerdo sobre medidas y beneficios compartidos

Las medidas que demostrarán que el cambio es real deben surgir naturalmente de las preguntas que conducen el cambio al primer lugar. Aunque las medidas parecen estar en el extremo final, usted debe planearlas desde el comienzo.

1. Pregúntese: ¿qué hay para mí?

- Aclara por qué quiere usted el cambio a nivel personal: ¿consideraciones profesionales, desarrollo de destrezas, experiencia, estar informado, ayudar a un colega?

- ¿Separa el resultado de su negocio (reducción de costos, rediseño del proceso, aumento en los ingresos, etc.) y su ganancia personal (estatus, prestigio, fama, autoestima, aumento de destrezas o competencia)?

- ¿Cómo sabrá *usted* que ha tenido éxito en cada una de estas áreas? ¿Es eso realista? ¿Es usted un buen juez personal de su propio trabajo en la vida? ¿Es demasiado condescendiente o drástico consigo mismo?

Nota: El conocimiento aceptado en el cambio es afirmar que en realidad no importa lo que usted haga a menos que logre una verificación externa de sus acciones. El cliente cuenta. Nuestro modelo de comunicación (*véase* capítulo 6) ciertamente manifiesta el acuerdo con que la audiencia es el árbitro definitivo del 'éxito'.

El problema con ese modelo es que no tiene ninguna simpatía por la disparidad del esfuerzo. Con todo lo poderosos que sean su audiencia o su cliente, esto en realidad no los lleva hacia otro proyecto que exija noches enteras de trabajo y comer pizza rancia con colegas que desafían las normas de higiene a las 3:30 de la mañana. Ellos no van a tener una noche oscura de tres meses cuando el estado de ánimo se vaya al piso, los costos parezcan aumentar y el proyecto esté a un paso del desastre. Ellos tan sólo graznarán con frecuencia para decir "Caray" o "No va más". Y con base en ese criterio, su avance descansará. Esta es la razón de por qué es importante que cualquier proyecto inicie con su relación directa hacia éste. ¿Qué tanto desea *usted* el cambio? ¿Qué tanta seriedad tiene para hacerlo y vivir con él? ¿Qué tanto entiende lo que este cambio le podría deparar, de modo que pueda crear para usted mismo una gran cantidad de motivaciones y reaseguramiento de que lo llevará a través de buenas y malas épocas? ¿Cuáles son los beneficios que espera como líder del cambio?

2. *Pregúnteles a sus principales grupos de interés (cliente del cambio, líder del cambio o patrocinador, miembros del equipo, proveedores): ¿qué ganan ellos?*

• ¿Quiénes estarán involucrados?

• ¿Qué rol desempeñarán?

• Aclare lo que el cambio implica para ellos.

• Logre un acuerdo sobre por qué usted quiere el cambio: ¿cuáles son los beneficios para los otros grupos de interés?

   – ¿qué hay en relación con los resultados de la empresa y las ganancias personales?

   – ¿son los beneficios, *por lo menos*, tan grandes para ellos como para usted?

• ¿Cómo puede incorporar la ayuda de ellos?

• ¿Quién más recibirá su impacto? ¿Qué otros cambios puede usted predecir en el sistema?

• ¿Cuáles son los beneficios anticipados? ¿Son lo bastante atractivos para impulsarlo a usted (a todos) aunque las cosas parezcan difíciles?

• ¿Cuáles son los costos anticipados? ¿Dinero, personas, tiempo, impacto sobre otros proyectos, tiempo lejos de la familia? ¿Son demasiado dolorosos para que usted (todos) los resista? Si usted es lo bastante decidido para seguir adelante, ¿ha considerado un periodo complicado hacia el futuro? ¿Qué pasará cuando las cosas parezcan complicarse más? ¿Qué tan dolorosos se sentirán estos costos para entonces?

- ¿Cuáles son las principales prioridades del momento para los grupos de interés y cuáles se considera que podrían surgir de repente en el futuro cercano y que podrían estropear el proyecto?

- ¿Cómo puede usted manejar eso?

- ¿Con qué destrezas o conocimiento podrían contribuir los grupos de interés para ayudar a que este proyecto tenga éxito?

- ¿Qué destrezas o conocimiento necesitamos traer de afuera?

Nota: Si los beneficios de este cambio no son claros y atractivos para sus grupos de interés, usted pierde. Si sus clientes no quieren el cambio, por lo menos al mismo nivel que usted, ellos no tendrán la paciencia ni le darán la retroalimentación justa y honesta que usted requerirá. Además, carecerá de líderes del proyecto, auspiciadores o defensores comprometidos en el mismo.

Si sus colegas (compañeros o jefes) en la compañía no entienden la importancia o urgencia del cambio, no contarán con más recursos para compartir con usted cuando los necesite. Otro peligro significativo que podría dar al traste con los beneficios para usted y sus colegas (es decir, deben ser tremendamente equitativos para todos o estar inclinados a favor de ellos) es que usted perderá la capacidad para hacerlos responsables del cambio. Después de todo, si su proyecto va a cambiar los hábitos de trabajo en el departamento de sus colegas, de una manera que los ponga en línea con el ideal corporativo hacia "el cliente primero", sus colegas necesitarán apropiarse del cambio para recibirlo en la misma proporción en que usted trabaje para darlo.

Si los miembros de su equipo no entienden ni quieren el cambio tanto a nivel personal como empresarial, no dedicarán sus reservas personales de energía cuando las cosas se tornen complicadas (como en efecto sucederá). No se sentirán capaces de llamar a casa y decirle a sus hijos que tampoco esa noche podrán llevarlos a la cama.

Proceso de cuatro preguntas para aclarar beneficios

Con frecuencia, las personas le dicen lo que quieren del cambio. Sin embargo, como el modelo de la Pirámide en Espiral lo presenta con total claridad, lo que ellas entienden con una determinada expresión puede no ser lo que usted quiere decir.

Las siguientes preguntas le ayudan a entender cuál es el beneficio que se pretende y también a aclarar otros beneficios y costos que no se hayan previsto

El proceso:

1. ¿Qué quiere usted?

2. ¿Qué necesita para ayudar a responder la pregunta 1, y cuáles son los costos/beneficios de ello?

3. ¿Cuál será el resultado de la pregunta 1 y cuáles son sus costos/beneficios?

4. ¿Cómo quedaría la pregunta 1 si esto sucediera?

Por ejemplo, si la respuesta a la pregunta 1 fuera Mejorar el servicio al cliente, podría requerir Reentrenamiento del personal (P2). ¿Cuál sería el costo de ese impacto en su cambio? de otro lado, Mejorar el servicio al cliente (P1) conducirá a mejorar las ventas y permitirá conservar a los clientes (P3). ¿Qué impacto tendría ese beneficio potencial en su cambio?

Entonces, establezca una medida apropiada (P4). ¿Cómo sabremos que hemos mejorado el servicio al cliente? ¿Se solucionaron todos los problemas de su línea de ayuda en un lapso de 24 horas? ¿No hay ninguna fila en el supermercado con más de tres personas? ¿Qué espera ver, escuchar y poder medir como resultado de lograr el mejoramiento en el servicio al cliente?

---

3. Llegue a un entendimiento de las medidas del éxito

(i) Utilice el intelecto consciente

Compare todas las victorias personales y los beneficios generados a partir de las preguntas expuestas previamente.

Pregunte: ¿qué resulta indispensable para que todos los grupos de interés califiquen el resultado como exitoso?; en otras palabras, ¿cuál es la definición de la palabra éxito en este proyecto?

Nota: La campaña de publicidad tiene que ser oportuna y contar con el presupuesto adecuado. Fácil. No obstante, ¿qué más tiene que suceder para convencer a la gente de que es un éxito? ¿Retroalimentación positiva del cliente? ¿Una fuerte campaña en los periódicos y comentarios de prensa favorables (y cuántas pulgadas de columna significan fuerte campaña)? ¿Aumentar las ventas? Si estos indicadores no están dentro del campo de acción de su proyecto, usted tendrá que dedicarse tiempo extra a persuadir a su personal para compartir el conocimiento que usted tiene y ellos no. Usted puede romper marcas corporativas reduciendo al mínimo los costos, pero si sus grupos de interés estaban esperando también un aumento en la cobertura de prensa, no le agradecerán su trabajo. Lo calificarán como un fracaso.

(ii) Utilice el intelecto subconsciente

Hagamos un ejercicio.

Relájese por algunos momentos y visualice el cambio como exitoso. Fíjese en tantos detalles como le sea posible en su visualización, cuidando de construir el entorno físico de su visión. ¿Cómo visten sus colegas en las reuniones que usted imagina? ¿Cuál es el tono de voz con que hablan? Visite a otros grupos de interés en su sueño. Pregúnteles cómo saben que el proyecto ha sido un éxito, qué está sucediendo ahora en ese mundo cambiado que demuestre que el cambio está produciéndose:

- ¿qué medidas cuantificables (objetivas) podrían existir si al hablar con alguien en su sueño, esta persona le dijera "Demuéstrelo" (visuales, auditivas, numéricas)?

- ¿qué medidas subjetivas existen y qué sentimientos genera en usted su visión?

Salga de su sueño y escriba todas las nuevas medidas que se generaron.

(iii) Seleccione de (i) y (ii) las medidas clave del éxito

Nota: Asegúrese de que no se está presionando a sí mismo para "pensar como corporación" y aplique sus medidas únicamente a nivel financiero. De todo lo que tienen que preocuparse es de medir lo medible.

Una medida es medible si:

- usted puede evaluar independiente y objetivamente un cambio bajo parámetros visuales, auditivos, de comportamiento y numéricos

- usted puede obtener respuestas precisas de sí o no ante preguntas concretas acerca del cambio.

4. Establezca algunas medidas intermedias

- señales de progreso hacia los objetivos; es decir, aquellas que al verlas u oírlas le den certeza de que se encuentra en el camino de los beneficios

- señales de retroceso; es decir, aquellas que al verlas u oírlas le den certeza de que se está alejando de los beneficios.

Usted tiene que saber que está en la ruta correcta, ya que en cualquier cambio importante el destino final puede hallarse fuera de su camino. No puede esperar hasta alcanzar la costa para fijarse en los alrededores y decir, "¡Listo, éste es el puerto!".

5. Escriba una primera versión de síntesis del cambio

Redacte un documento en donde el grupo de interés tenga un rol detallado de su participación en el proyecto, los beneficios que se pretende otorgarles con el cambio, y las medidas y definiciones de éxito que se espera que ellos sean capaces de ver, oír, contar o medir de alguna manera. Además, incluya una lista de los aspectos esenciales, estableciendo fechas como medidas intermedias.

Eventualmente, este documento se firmará y fechará por todas las partes como un compromiso para cambiar.

6. *Escriba el plan de su proyecto y ajuste su primera versión de síntesis, si es necesario*

Elabore su plan: cómo, quién, cuándo, etc.

- ¿Necesita hacer algunos ajustes en los beneficios y medidas que incluyó en la síntesis ahora que el proyecto ha dado un paso enorme para acercarse a la realidad?

- Específicamente, ¿necesita volver a calcular los costos anticipados del proyecto?

7. *Publique y unifique su documento de síntesis con los beneficios, medidas y aspectos esenciales*

- Busque retroalimentación. Negocie significados. Produzca y publique un documento de entendimiento "final".

- Realice una reunión formal aunque divertida, para la firma del documento.

- Utilice el documento no sólo para controlar los avances logrados sino también como la base o esqueleto de cualquier esfuerzo de marketing que usted pudiera hacer hacia el futuro en nombre de este proyecto.

8. *Configure los mecanismos organizacionales de verificación para dar notoriedad a las señales indicadoras del proyecto a medida que se llega a ellas*

Sea consciente de sí mismo
Preste el doble de atención: diríjase al nivel de lo que está sucediendo y de lo que podría suceder; de lo que sucedió y de lo que no ha sucedido; de lo que se dijo y lo que no se dijo.

Asigne los trabajos de ayuda

Entrene a la gente para entender que el trabajo que realiza no es sólo lograr que el cambio suceda, sino que ella es observadora y testigo del mismo. A ella le corresponde unirse en la etapa de preguntas de modo que pueda hacer propio el problema y la necesidad de cambio; le corresponde plantear la teoría e impulsarse a sí misma y al proyecto más allá de lo aburrido y lo confortable. Es su trabajo emprender una acción de coraje, lo mismo que reflejar honesta y sinceramente el éxito del proyecto. En suma, el trabajo de cada quien es asegurarse de que estamos alineados con nuestra Visión. Aquí no hay premios por alejarse de los restos del naufragio de un proyecto fracasado, diciendo: "¡Yo sabía que eso sucedería!".

Sea abierto

Realice entrevistas formales, investigando entre los grupos de interés. Estas auditorías pueden ser realizadas por personal interno, y solamente serán tan objetivas en la medida que los auditores sean maduros y autoconscientes, porque lo que usted pueda perder en objetividad lo ganará en beneficios de mercado (estamos demostrando que no le tememos a la retroalimentación). Si usted se siente supremamente preocupado por la objetividad, traiga a alguien de afuera.

Realice revisiones semiformales en las reuniones de equipo. Pregunte:

• ¿qué nos está llevando hacia la meta?

• ¿qué pasó la semana anterior que no nos dejó avanzar o que nos regresó a antiguas rutas sobre las que estuvimos de acuerdo que queríamos cambiar?

• específicamente, ¿qué podemos hacer cada uno de nosotros la semana próxima para avanzar hacia nuestra meta?

P: ¿Cuánto tiempo debemos dedicar a "reflexionar" sobre los resultados?

R: La respuesta usual es "tanto tiempo como podamos dedicar hasta que nos hallemos en medio del verdadero trabajo". Ese es el porqué el aprendizaje no se alcanza pero sí una gran cantidad de acciones desinformadas.

Mi respuesta es: con tanta frecuencia como usted considere que resulte de utilidad, es decir, todo lo que se requiera aprender.

Respuestas inteligentes a preguntas difíciles

Usted debe comunicar los resultados al personal interno y externo del proyecto, quizás un poco más de lo que ellos le dicen que quisieran, pero no tanto como para que los haga marcharse. La pregunta básica es: ¿ayuda a la audiencia esta comunicación y esto ayuda al resultado del proyecto?

Resulta claro que usted necesita revisar formalmente los cambios después que el proyecto ha llegado a su terminación oficial, y por periodos regulares después de eso (por ejemplo, cada seis meses), para confirmar que el cambio sigue su marcha y que no está en retroceso. Estas reflexiones formales tienden a enfocarse en los cambios más obvios y significativos. Esa es la razón de que a estos procesos a menudo se les llama "revisiones", con el sentido de "evaluar el desempeño".

No obstante, usted debe reflexionar sobre el particular lo mismo que medirlo, de manera que aprenda tanto como sea posible a medida que va avanzando. Discutir el progreso en relación con los resultados sirve como verificación de que su escalera está apoyada contra la pared que había esperado y que está apoyada en ella sin causar ningún dolor demasiado grave que no se haya previsto. Si el entorno ha cambiado lo suficiente para que los beneficios ya no sean notorios, entonces esto lo llevará a otro ciclo de aprendizaje: la etapa de Acción que podría ser tan abrumadora como cancelar el proyecto. La manera como usted cancele un proyecto sin perder la compostura es un reto de cambio tan significativo como cualquiera otro en este libro.

Hablar acerca del progreso tiene otros beneficios además de mostrar simplemente si los proyectos están funcionando en relación con el plan o no. Se mantiene como objetivo el aprendizaje. Se mantiene la visión actual. Se convence a la gente de que todos siguen teniendo una posición seria para lograr el cambio, ya que cualquier actividad en que la compañía dedique tiempo (y esto es tan válido para la reflexión como para la acción) es un indicador de importancia. Utilícelo bien. No pregunte simplemente ¿qué ha sucedido? o ¿qué podría suceder a continuación? También pregunte ¿qué significa o significará para nosotros?

Realice revisiones informales; dirija mientras camina y charla con sus colegas. Pregunte: ¿Qué pasa? ¿Estupendo? ¿Puede demostrarme qué tan competente es ahora? Muéstreme qué problemas tiene en este momento.

Por encima de todo, hablar acerca del progreso permite contar con una oportunidad para reaccionar ante beneficios no anticipados. Su proyecto es un proyecto tanto de aprendizaje como de cambio. Su equipo cambiará en la medida en que sus integrantes trabajen para aprender. Ellos aumentarán su conocimiento y elevarán su conciencia. Habrá tanto de su competencia, valores y sentido de autoestima (bajo su liderazgo), en la medida en que trabajen, que no podrán ayudar pero sí crecer como seres humanos. Naturalmente se volverán curiosos y harán preguntas más ingeniosas. Propondrán teorías más creativas. Serán más decididos y con más coraje para sugerir y emprender las acciones. Reflexionarán más a fondo. Uno de los resultados de esto es que ellos indicarán cosas que han sucedido y que otros no han notado y que usted ciertamente no anticipó cuando escribió el plan. Ellos verán el entorno alrededor del movimiento del proyecto, y establecerán enlaces creativos con esos cambios, obteniendo posibles beneficios nuevos dentro del campo de acción del proyecto.

Preguntas
que matan

Revisión para aprender y progresar

En cada etapa de revisión reflexione sobre:

- ¿Estamos dentro del objetivo?
- ¿Qué estamos aprendiendo acerca de este proyecto?
- ¿Qué estamos aprendiendo para el futuro?
- ¿Cómo han cambiado este proyecto y su equipo desde la última revisión?
- ¿Cómo están cambiando nuestros grupos de interés?
- ¿Cómo está cambiando el entorno?
- Cómo nos sentimos?
- ...y ¿qué significa todo esto para nosotros?

De hecho:

- Usted necesitará tomar cada uno de estos beneficios a través de un proceso de establecimiento de señales y mediciones como el que había anticipado.

- Usted deberá emitir un juicio sobre si cada uno de los beneficios asociados es, en realidad, una parte de su proyecto o si vale como uno completamente nuevo.

  Así que revise. Sin embargo, no sólo mida. Hable. Aprenda. *Reflexione*.

Las medidas blandas son duras

Las *medidas duras* son las de carácter financiero, que inciden sobre la línea de ingresos que ninguna compañía puede dejar de lado. Ellas son las que por tradición se han aplicado para evaluar el desempeño operacional y es todavía la principal información en los estados financieros anuales. Si usted aumenta los ingresos, esa es una medida dura. Reducir el tiempo del ciclo de su producto para comenzar el mercado es otra. Reducir el tiempo que se requiere para satisfacer a un cliente, es otra. Estas medidas duras también se conocen como Indicadores Clave del Desempeño (ICD).

Cualquier persona que le diga que las medidas duras son todo lo que importa, debe ser remitida al médico de la compañía.

Las *medidas blandas* son aquellas de las que también depende una compañía con respecto a su negocio y que por tradición ha tratado de mantener a distancia debido a que presentan nuevos retos que exigen hacer grandes cálculos. ¿Cómo ha cambiado la percepción del cliente? ¿Qué tan profundo y amplio es este conocimiento de la compañía en sus áreas de especialidad elegidas? ¿Qué tan innovadores somos? ¿Qué tan feliz, orgullosa o comprometida es la fuerza laboral con esta compañía?

Éstas y otras medidas similares son esenciales (quizá debemos remplazar los ICD por los más amplios FCE [Factores Críticos de Éxito]). Son las preguntas incómodas que producen (producirán) las medidas duras, las que hemos adorado por mucho tiempo (mientras que mejorar las medidas duras no garantiza mejorar las blandas). La conocida frase: "todo lo que puede medirse puede gerenciarse" ahora está en peligro de convertirse en realidad en una forma como no lo fue nunca antes. En verdad, el "ciclo de tiempo" nunca se gerencia. La gente que trabaja de manera innovadora y colabora da como resultado la reducción en los ciclos de tiempo; eso es lo que se gerencia.

Parte del problema que usted encontrará en el debate de duro/blando está en que la palabra "medida" tiene asociaciones mecánicas y numéricas que son muy poderosas y aluden de modo atractivo al lado izquierdo del cerebro: el dominio analítico de gran parte de la gerencia. La medición numérica por sí sola presenta una tendencia a producir sentimientos de superioridad, duda o competencia, los cuales no siempre son valores humanos positivos. El hombre que mide su virilidad con una regla tiene más posibilidad de fijarse en un diagrama comparativo que le causa preocupación, que de decidirse por lo que puede hacer para cambiar su actividad sexual de modo que las medidas importen menos. Sin embargo, la palabra "medida" tiene otros significados. Al elegir la palabra para el título de su obra *Measure for Measure* (Medir por medir), Shakespeare aludía a "equidad" e "idoneidad". No cuente sólo los indicadores de desempeño. Cuestione su idoneidad con respecto al propósito del trabajo y de la compañía.

El otro problema es que las medidas duras tienden a ser registros que miran hacia atrás lo que ha sucedido. En su proyecto, es inevitable reflexionar en lo que está sucediendo y lo que podría suceder.

Lo que *resulta* poderoso acerca de la clase de medidas duras encontradas en muchos informes anuales es que siempre son comparativas. "Éstas son cifras de 1998, que podemos comparar con los de 1999. ¿Qué nos enseña la diferencia?

P: ¿Cuál es la razón para preocuparse tanto acerca de estos beneficios duros y blandos?

R: Si no nos preocupamos, nunca podremos comparar a cabalidad nuestro desempeño frente a las metas estratégicas. Nuestra misión corporativa, por ejemplo, ¿anuncia que estaremos mejorando continuamente? Habla sobre cuán innovadores seremos. ¿Cómo podemos decir eso mirando simplemente ingresos y utilidades? Relacionar las medidas duras con las blandas también demuestra que somos serios con respecto a los enunciados de estos valores y que también tienen un beneficio en cuanto al estado de ánimo y la percepción del cliente.

De cualquier manera, sus reflexiones y revisiones deben producir un significado a través de la relación de una cosa con otra. ¿Qué hemos logrado? ¿En dónde estamos con respecto a donde esperábamos estar? ¿Qué nos indica esto? ¿Qué otras preguntas surgen?

Medir lo inconmensurable: divida sus sueños en aspectos específicos

Suponga que usted quiere que el equipo tenga un elevado estado de ánimo. Esa es una meta blanda y, por el momento, demasiado vaga. ¿Cómo puede medirla? Pregunte: ¿cómo se manifestaría un elevado estado de ánimo si existiera?

* ¿menos días de incapacidad por enfermedad?

* ¿mayor asistencia a las reuniones del equipo?

* ¿mayor involucramiento en las reuniones del equipo?

* ¿manejo más efectivo de los problemas?

* *¿y cómo se vería eso?*

– menos tiempo entre la identificación del problema y la solución

– lenguaje más positivo en la identificación del problema ("puede hacerse" en lugar de palabras acusadoras o negativas).

Todos estos elementos son medibles, brindándole a usted la energía y paciencia para hacerlo (y eso es parte del cambio).

Pregunte a su equipo por sus mecanismos para medir un estado de ánimo elevado. Esto podría ser una forma simple y creativa en la que usted no tendría que pensar.

Estas preguntas e interrogantes crean medidas analizadas, compartidas y significativas.

El siguiente paso que debe dar es preguntar, en cada una de estas medidas blandas: ¿Qué puedo hacer hoy para ayudar a obtener una buena puntuación? ¿Qué deberé hacer mañana para convertir en realidad estos beneficios? ¿Por qué esperar para medirlos? ¿Qué puedo cambiar *ahora*?

Preguntas que matan

De acuerdo, dígame: ¿en qué proporción está dirigido el desempeño de esta compañía por aspectos "blandos" y cuánto por aspectos "duros"?

9
Alinear la organización: Parte 5

LOS PARTICIPANTES: ROLES Y RESPONSABILIDADES DURANTE EL CAMBIO

"Lo que se requiere es que despiertes tu fe".

Shakespeare, *Cuento de invierno*, V iii

El cambio organizacional tiene múltiples facetas. Las organizaciones han respondido a esta realidad al dividir la complejidad en roles específicos, cada uno con su propia responsabilidad. Si todos cumplimos con la parte que se nos ha asignado, lo lógico será que todo funcione sin contratiempos.

Cuanto más tradicional y lineal sea el proyecto de cambio, tanto más probable es que al maestro del cambio inteligente se le pida desempeñar un rol en particular, como líder, seguidor, auspiciador o agente. De hecho, la realidad no es tan segmentada y es posible que usted tenga que desempeñar un rol diferente en distintas situaciones. Quizá resulte constructivo considerar agrupaciones generales –o dimensiones– de influencia, lo mismo que roles diferenciados.

Éstas son las tres dimensiones principales:

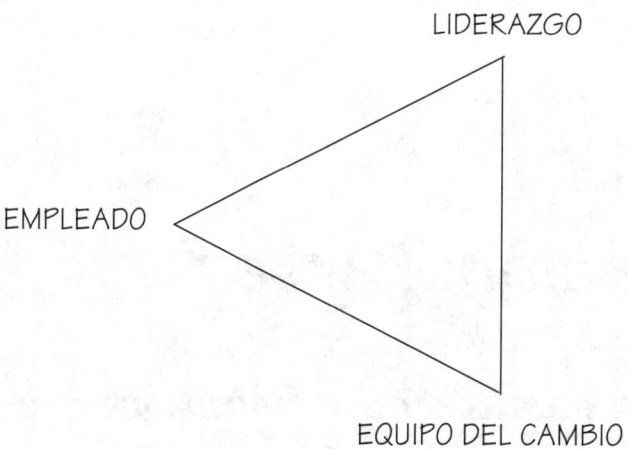

(i) Dirigir el cambio organizacional: la dimensión del liderazgo

El mundo exterior, que cambia continuamente como tiene que ser, lanza millares de oportunidades o amenazas. El rol del liderazgo es traducir esta necesidad de cambio en un caso de negocios.

Cuando los cambios del exterior se han presentado en una forma que resulta innegable desde todo punto de vista, el líder o los líderes primero deben entender qué está sucediendo. La mayoría de ellos debe decidir que el cambio es necesario dentro de la organización. La palabra decisión se deriva del latín con el significado de *cortar, separar (de)*. Tomar una decisión significa que usted está separándose –por lo menos temporalmente– de todas las demás decisiones que podría haber tomado. Una decisión implica certeza y compromiso genuinos e inequívocos. Tomar una decisión para cambiar significa que usted es supremamente serio con respecto al cambio.

Algunos investigadores nos dicen que cerca de dos tercios de todas las iniciativas de cambio no producen los beneficios esperados. La mayoría de los análisis posteriores señalan deficiencias en la comunicación, mala planeación o la carencia de una modificación en los fundamentos culturales que respalden los cambios que se pretenden en el proceso. Yo estimo que la mayoría de los cambios fracasan debido a que la decisión original no se separó de otras posibilidades sino que, por el contrario, fue una tontería, una esperanza, una súplica con los dedos cruzados para que las cosas se volvieran positivas aunque siguiéramos dirigiendo la empresa en la forma acostumbrada. Puedo decirle lo que muchos líderes desean de verdad. Y no es el cambio.

La indecisión sale a la superficie mientras dure un programa de cambio. Quizás es a eso a lo que la gente se resiste.

Preguntas que matan

De acuerdo, estamos pensando acerca del cambio. ¿Qué nos hará *decidirnos* a cambiar?

En esta etapa los líderes pueden retroceder para lograr claridad sobre la necesidad del cambio. Esto podría considerarse como algo divertido, siendo otro de los mitos tontos que las organizaciones crean. De hecho, un retroceso puede ser crucial para conseguir un liderazgo claro, comprometido y de trabajo conjunto. Se hace poco esfuerzo (aunque muchos lo intentan) para persuadir al resto de la compañía de que el cambio es vital, cuando los líderes mismos no lo entienden ni creen en él.

La fragmentación sale a la superficie mientras dura un programa de cambio. Quizás es a eso a lo que la gente se resiste.

Si usted está pensando acerca del cambio, ¿tiene claridad con respecto a lo que quiere?

Si se realizan en la forma adecuada, los retrocesos deberán permitir al equipo de alto nivel reflexionar sobre el propósito subyacente de la compañía, sin el cual no puede fluir una visión congruente. Los retrocesos también deben hacer que los líderes se enfrenten con la realidad de dónde está la compañía en el mundo, no con un sentido de recriminación o búsqueda de culpables, sino con el de asumir la plena responsabilidad por haberlo hecho de la manera como se hizo.

Otro aspecto importante se presenta con retrocesos como este. El equipo de alto nivel se une. Sus integrantes aprenden entre sí sobre sus fortalezas y debilidades individuales y colectivas. Esto les permite asignar roles clave (quién tendrá los mejores resultados en comunicación, quién estará a cargo del plan) y anticiparse a las amenazas que sus debilidades podrían crear a medida que el programa de cambio avance.

Desde esta nueva unidad encontrada, el equipo de alto nivel puede redactar el primer borrador de la estrategia de cambio. Esta dirección estratégica impulsará a la compañía hacia la acción, primero como una visión del futuro deseado, comunicada a través de la organización en una serie de talleres u otros eventos formales, y luego como un punto de referencia para los dilemas que será necesario resolver en el futuro. Incluso mejor, quizá parte de su decisión sea compartir el proceso de formación de la visión con todos los integrantes de la empresa. Uno de los temas centrales de este libro consiste en que el involucramiento resulta crucial para los proyectos de cambio, ya que ayuda a los miembros del equipo a apersonarse de los resultados. No existe ninguna razón para que este involucramiento no pueda extenderse para compartir la creación de los enunciados del propósito corporativo y su dirección. (Para conocer ideas y estrategias acerca de la visión compartida, *véase The Fifth Discipline Handbook,* de Peter Senge y otros, Nicholas Brealey, 1996).

A partir de ese punto, el rol de los líderes se centra, principalmente, en modelar los valores y el comportamiento que la visión implica. Ellos necesitan demostrar lo que desean. Si el cambio se dirige hacia el trabajo en equipo, tienen que demostrar que son excelentes participantes de grupo y que tienen cero tolerancia ante comportamientos antiequipo. Si quieren que la organización considere en primer lugar a sus clientes, tienen que demostrar la manera de hacerlo.

Deben supervisar y encabezar el diseño general del cambio en la organización, utilizando siempre su poder político a favor de la decisión original de cambio. Necesitan saber, y demostrar que saben, que el cambio se encuentra en marcha. También deben mostrar una mentalidad abierta a nueva información que pueda influir en el programa: un cambio en el entorno que quizá necesita más velocidad o un énfasis ligeramente diferente.

El líder debe mantenerse arriba de los demás. Se expresa a sí mismo con gestos grandes, significativos y simbólicos. Su voz es la más fuerte y, cuando resulta necesario, puede decir, como nadie más, "¡Hágalo o aténgase a las consecuencias!".

El trabajo del líder es:

- apropiarse de la visión y mantenerla

- tomar la propiedad de los beneficios del cambio y la responsabilidad última de lograrlos

- influir en la organización como un todo para alinearla de acuerdo con la visión

- mantener su ritmo en la vitalidad del proyecto de cambio y darle el tratamiento que sea necesario

- comunicar la información verbalmente y por medios electrónicos

- transmitir significado con sus acciones

- fortalecer las relaciones

- solucionar los conflictos que causen daño

- crear conflictos en donde haya condescendencia

- vender la propiedad y la responsabilidad del proyecto

- promover la autorresponsabilidad

- lograr un acuerdo con el Equipo del Cambio sobre el alcance, los objetivos y los criterios de éxito del proyecto

- conseguir financiación, recursos y personal

- revisar y aprobar el avance y cualquier desviación del plan.

Sin embargo, el líder debe recibir respaldo. Alguien debe hacer el trabajo en el terreno.

(ii) *Dirigir el cambio organizacional: la dimensión del equipo del cambio*

Hablar de visión, dirección estratégica, propósito y la manera como los planetas han conspirado para hacer que el cambio sea necesario, tiene su lado negativo. El problema con estar muy arriba es que usted tiende a aislarse y, eventualmente, un entusiasmo desordenado cansa a todos.

La idea de un Equipo del Cambio consiste en que un grupo de personas se organiza para compartir suficiente poder político, de manera que hagan realidad los proyectos y que transmitan suficiente credibilidad a todos los niveles de la compañía para ganar aceptación y aprobación para el cambio.

Los equipos del cambio deben estar integrados por una sólida mezcla de elementos trans-seccionales de la compañía. De ese modo podrán contar con información inmediata y canales de despacho abiertos para el equipo a todo nivel, desde el director hasta el almacén o el punto de venta. Fácilmente ellos pueden escuchar y alimentar la red de rumores. Este tipo de mezcla sólida de integrantes también permite que todos los departamentos y áreas de la organización tengan representación, de modo que las implicaciones del cambio se entiendan en todos los rincones.

Se necesita ser suficientemente grande para impedir que quienes no se encuentren en el grupo puedan bloquear el cambio con trabas burocráticas. Por esa razón, los gerentes de nivel senior deben ser parte del equipo del cambio y no sólo los ejecutivos jóvenes.

Sin embargo, debido a que el equipo del cambio tiene tantos puntos de vista potencialmente conflictivos, debe aprender a actuar como un equipo, compartir una visión común y lograr consenso sobre los principios que le permitirán solucionar los desacuerdos. Convertirse en un equipo del cambio requiere tiempo, bastante más del que se utilizará para asesorar y crear el cambio. De modo que, como vemos, uno de los roles de los líderes es dar la autorización necesaria para que los esfuerzos del equipo del cambio tengan preferencia sobre otros asuntos de la compañía.

El trabajo del equipo del cambio es:

- asegurarse de contar con la cantidad y la mezcla precisa de miembros

- aprender cómo ser un equipo (cuáles son su propósito y objetivos/cómo comportarse)

- entender la necesidad de cambio, la cual debe provenir de los líderes

- ayudar a dar forma a la visión y adaptar los mensajes de manera que puedan comunicarse a todas las audiencias en la compañía y utilizar diversidad de canales

- derribar el *statu quo*

- identificar exactamente qué es el cambio, quién lo convierte en objetivo y cómo puede apalancarse

- diseñar los nuevos procesos de trabajo y cultura

- alinear los asuntos estratégicos y operacionales

- calcular las metas específicas a partir de la visión y supervisar su logro

- dirigir u orientar los caminos del liderazgo del cambio

- organizar la comunicación del cambio

- diagnosticar y solucionar los problemas y los aspectos o situaciones que inhiban el cambio, cuando ellos surjan

- mantener sin dudas el impulso, el aprendizaje y la frescura

- animar a todos los gerentes o líderes del equipo para difundir estos objetivos y comportamientos

- ser una fuente de enseñanza y *coaching*.

Las dos últimas actividades garantizan que el espíritu de liderazgo –el cual esencialmente se refiere a entender y convenir en la necesidad del cambio– caiga como una cascada a través de toda la organización.

Los equipos del cambio están constituidos por agentes del cambio, un rol que usted puede recibir formalmente en algunas organizaciones, pero que resulta más probable que sea un estado que usted adquiere debido a sus cualidades manifiestas.

¿Es usted un agente del cambio?

Marque las casillas que correspondan con usted.

Un agente del cambio

☐ defiende el cambio; habla en contra del *statu quo*

☐ está muy orientado hacia el futuro; siempre lo ve como diferente del pasado

☐ le agrada tomar nuevos rumbos para alcanzar territorios desconocidos

☐ es un absoluto convencido acerca de lo que hace

☐ ve el cambio como una oportunidad

☐ es parte de una minoría muy influyente

☐ no se desanima con facilidad

☐ tiene una amplia perspectiva, establece muchísimas conexiones

☐ escucha muy bien; es escuchado

☐ tiene el coraje para adivinar y confiar en su propia intuición

☐ su influencia trasciende su sitio en la organización; no se limita a su posición

☐ tiene poco respeto hacia el estatus en su propio beneficio.

Preguntas que matan

¿Son estas las clases de competencias que premiamos en nuestra compañía? ¿En verdad? Lo siento. Yo pensé que desaprobamos muchas de ellas. Entonces, ¿cuando dejamos de hacerlo?

Consejos para agentes del cambio inteligente

1. En primer lugar, trabaje dentro de su propio campo de control e influencia.

2. No pida autorización; simplemente actúe.

3. Elija con cuidado sus batallas; nunca sacrifique la guerra por una pequeña escaramuza.

4. Consiga un modelo de cambio o haga el suyo propio.

5. Realice la política en donde usted tiene que hacerlo: un agente del cambio muerto no hace de nadie algo bueno.

6. Trabaje tanto en temas descomplicados como en complicados.

7. Actúe de acuerdo con sus palabras.

8. Acepte que todas las obligaciones, todo trabajo, tienen una agenda de cambio: no son iniciativas que salen de uno solo.

(Adaptado de una entrevista con Bob Knowling VP Network Operations US West en *Fast Company vol. 8*).

(iii) Dirigir el cambio organizacional en la dimensión "empleado"

Nota: No hay todavía ninguna frase que describa mejor a las personas del programa de cambio que no son líderes o agentes de cambio. Daryl Conner los describe como "objetivos", aunque ¿no es la verdadera meta de cambio la visión o el objetivo? Las personas son los medios para ese fin, los implementadores del cambio. Al mismo tiempo, todos son implementadores del cambio, desde el CEO hasta el empleado temporal; esto resulta especialmente cierto cuando estamos propugnando el involucramiento total en el proceso del cambio. Un día habrá un término para describir el rol que desempeñan estos participantes unidos en el cambio, sin que parezca que son víctimas infortunadas de los malévolos planes de alguien más.

Por el momento, me adheriré al término más racional y, por consiguiente, quizás el más frío para describir a alguien que no es un líder ni miembro del equipo del cambio: el *empleado*.

A propósito, esto no es un poco de ansiedad del autor ni un señuelo para lograr la simpatía a favor de la escasez de mi imaginación. Si los participantes clave en su proyecto de cambio tienen títulos de moda al estilo de líder o agente, ¿cómo se van a sentir quienes son dejados de lado como piezas sueltas? ¿Cómo va a garantizar el involucramiento y la solidaridad de aquellos participantes que sólo son "una entre la multitud" de hojas de vida que usted tiene? ¿Cómo superará la división nosotros/ellos?

Vuelva a leer el capítulo 6 si le queda alguna duda sobre el poder que estos "empleados" tienen sobre su esfuerzo de cambio.

Los empleados –quienes, claro está, son todos, incluidos los líderes de alto nivel como los integrantes del equipo del cambio– deben hacer suyos tres objetivos principales con respecto al cambio:

- desarrollar su capacidad individual para el cambio. Esto significa tener la fortaleza intelectual, la amplitud emocional y la resistencia de actitud necesarias para aceptar lo que está sucediendo. También significa desarrollar las nuevas destrezas y la competencia que la visión implica

- estar involucrado en el programa: escuchar, atender; tener mentalidad abierta

- participar con el fin de ofrecer información e ideas, para unirse a otros en la solución de problemas a medida que se presenten, desafiar el *statu quo*, llevar a la práctica lo aprendido y, por encima de todo, ofrecer retroalimentación sobre la manera como el cambio está funcionando a todos los niveles de la compañía; en síntesis, apropiarse del cambio.

Preguntas que matan

Si la gerencia del cambio constituye una destreza tan indispensable en la empresa actual, ¿por qué nadie en esta organización cuenta con "ayudar al cambio" dentro de las especificaciones de su cargo?

Un gran grupo de acompañamiento

No son pocos los consejos que existen acerca del gran aspecto que tiene el liderazgo. ¿Cuál sería el de un gran grupo de acompañamiento?

A continuación se presentan ideas para un grupo de acompañamiento compacto:

- Siempre trataré de ver la situación más grande y actuar a favor de la misma.

- Equilibraré el dolor a corto plazo que estos cambios pueden infligirme con el beneficio a largo plazo que buscamos conseguir.

- Emprenderé cualquier acción que sea apropiada para llevar a cabo la visión.

- Buscaré saber lo que se espera de mí y pediré retroalimentación sobre si lo estoy logrando.

- Buscaré formas de desarrollar mi comprensión y competencia, incluso si esto significa salir de mi zona de comodidad.

- Ofreceré estímulo cuando todo esté marchando bien.

- Ayudaré a mis colegas cuando estén confusos, con actitudes negativas o de deslealtad.

- Siempre le diré a mi líder cuándo está diciendo tonterías. Un buen acompañamiento no significa obediencia ciega. El *statu quo* debe desafiarse si está debilitando nuestro camino hacia la visión.

- Ofreceré consejo a partir de mi experiencia, en el momento más oportuno para el proyecto.

- Daré información libremente, en especial a quienes yo sé que pueden hacer algo al respecto.

• Si me ofrecen responsabilidad y autoridad, las asumiré como es debido.

• Si no puedo hacer algo, explicaré el porqué, tan pronto como pueda y con honestidad.

• Aclararé mis dudas con quienes yo sé que pueden ayudarme y no expresaré mis dudas a quienes no puedan hacer nada al respecto.

• Me veré a mí mismo desempeñando el rol de explorador en este cambio: estaré probando un nuevo mundo. Sé que esto necesita coraje y voluntad para dar retroalimentación.

• Siempre recordaré que mis acciones tienen un gran impacto en el bienestar general del proyecto del cambio y la compañía como un todo; esto es un privilegio con el que me siento honrado pero también una advertencia para mí mismo.

• Haré lo mejor que pueda todas las veces que me sea posible.

El CEO firma primero. La lista de distribución es universal. De acuerdo con esto, recursos humanos rediseña todos los sistemas de gerencia del desempeño.

El círculo de los lobos: otros roles en programas del cambio importantes

Con frecuencia se encuentran dos roles adicionales en proyectos del cambio importantes en organizaciones grandes. Los Auspiciadores o Patrocinadores del Cambio y los Patrocinadores campeones están allí para asegurar que el cambio está ocurriendo. Ambos se basan en el supuesto del viejo mundo de

Preguntas que matan

De acuerdo, estoy preparado para poner mi carrera en juego, porque no voy a tolerar el *statu quo*. ¿Quién va a demostrar pública e inequívocamente su respaldo?

Citas inteligentes

"No confunda la fortaleza de su deseo de cambio con la probabilidad de éxito. Un cambio importante no es posible mientras no cuente con un patrocinio apropiado".

Daryl R. Conner

Preguntas que matan

Si el cambio es constante y se acelera, y la gerencia respectiva tiene una actitud crítica en relación con el éxito de nuestro negocio, ¿qué tan rápido estamos desarrollando las destrezas de nuestros líderes, agentes y seguidores del cambio?

que las personas no cambian del todo y que se necesita estar acosado para hacerlo.

Por tradición, los *Patrocinadores del Cambio* están en una posición que detenta algo de poder político, bastante fuerte para que puedan decidir cuáles cambios deben hacerse, en qué orden y suministrar suficiente "cobertura al aire" para el trabajo de los equipos del cambio. Los patrocinadores utilizan su fuerza para que el proyecto del cambio esté a tiempo y cuente con presupuesto. Cuando este rol no lo asumen los líderes, puede ser necesario contar con un patrocinador por separado.

Los *Patrocinadores campeones* son las personas nombradas para mantener el patrocinio en funcionamiento, para actuar como un entrenador, quizá, y ayudar a mantener la mira en la importancia del proyecto y el rol del patrocinador en él. Como los patrocinadores dedicarán la mayor parte de su tiempo a realizar su propio trabajo, este nivel extra de aseguramiento podría parecer una buena idea, en especial si la actitud que usted tiene es la de no confiar en nadie para hacer un trabajo sin ayuda.

En ocasiones, también podría escuchar acerca de *comités directivos,* construcciones repugnantes integradas por jefes de departamentos que se unen para dividir las tareas que les darán más prestigio y obstruir aquellas que parecen más peligrosas para su continuidad. Dichos comités avanzan lentamente en el cambio, pasando de la extrema izquierda a la extrema derecha. Asi mismo, demuestran un comportamiento cercano al de la directiva de la organización, que sería condenado como "resistencia del empleado" si se viera a un nivel más bajo de la compañía.

Quizá si no hablamos más acerca de los comités directivos, es posible que ellos se alejen.

Respuestas inteligentes a preguntas difíciles

P: ¿Cuál es el objeto de emplear consultores?

R: Un aspecto importante que los consultores aportan a la gerencia del cambio es la perspectiva fresca, objetiva e imparcial de terceros que las compañías necesitan. Así mismo, suministran el entrenamiento ejecutivo y el impulso que, con frecuencia, requieren las organizaciones. Otra razón... es el compromiso, la energía o ímpetu renovado que aportan. Un factor adicional a considerar está en que los consultores cobran por sus servicios, y una organización que no desea arrojar su dinero por la ventana trabajará estrechamente con ellos y quizá preste más atención a sus sugerencias que aquellas que provienen de los niveles de la gerencia intermedia o de la fuerza laboral".

Carr, Hard, Trahant

Entonces, de nuevo, los tres son consultores, y yo también.

Cuando se va a emplear consultores, todo lo que importa es:

1) ¿Cree usted a ciencia cierta que los consultores que están tratando de acercársele pueden cumplir las promesas indicadas antes (es decir, confía en ellos como seres humanos o confía en sus hojas de vida y en su lista de clientes)?

2) ¿Está seguro de que la gente que emplea puede aportar los mismos beneficios sin ayuda externa?

10
Alinear la organización: Parte 6

SOSTENER EL CAMBIO A TRAVÉS DEL APRENDIZAJE

"Aprender no es algo compulsivo; tampoco es supervivencia..."

W. Edwards Deming

Todas las iniciativas de cambio padecen, en un grado u otro, de falta de interés, cinismo, aburrimiento, apatía, falta de energía, dispersión de la energía en otras áreas e intereses. Se ven lanzadas en un brindis con champaña, en medio de optimismo y promesas pero, tarde o temprano, cuando el impulso inicial haya amainado, se convierten en problemas. De hecho, muchas iniciativas de cambio se dejan morir en este camposanto que es la indiferencia humana. Cuando las personas dentro de la organización comienzan a manifestar comportamientos y actitudes de inconformidad –como desinterés, cinismo, aburrimiento, apatía, etc.–, esto debe tomarse como una muy mala señal de que las cosas no están funcionando y tendremos que acabar con los planes.

En realidad, la mayor parte de las actividades humanas comparten este patrón de ascenso y caída: los esfuerzos por hacer todos los arreglos de la casa sin ayuda, las relaciones sexuales. Siempre comenzamos más grande y más rápido de lo que somos capaces de aguantar. Las iniciativas de cambio no son diferentes.

Esta idea del ir y venir cíclico y natural de las cosas, también se mantiene en relación con el crecimiento de las compañías. Muchas personas que son bastante afortunadas por haber sido parte del nacimiento de una empresa miran atrás hacia aquellos apacibles días.

Los días de pacífica creación son los que se hallan más cerca de las áreas más blandas de la empresa: en ellos surgen ideales, valores, creencias, ambición, sueños. Una vez que han salido al mundo, se reúnen bajo una cubierta más rígida. La primera factura puede permanecer colgada en la pared como un cuadro, a manera de recuerdo de ese momento, pero también se encuentra con el primer cheque, la primera cuenta bancaria, la expectativa de continuar prestando servicio al primer cliente, los primeros cobros del banco, el primer pago del alquiler, el primer vencimiento de la hipoteca. Hacer que las cosas sucedan por primera vez se constituye en el camino de la necesidad para "mantener las cosas en marcha": mantener el ingreso de dinero, mantener a los clientes felices, mantener las reuniones hasta el final. Dejamos de crear y comenzamos a sostenernos.

Voces inteligentes

Recuerdo las primeras semanas del inicio de mi propia compañía, como una experiencia enriquecedora y de múltiples facetas. Fueron épocas asombrosas. Había una gran cantidad de trabajo por hacer y horas demasiado largas por vivir, pero esto se veía compensado con una gran cantidad de trabajo espontáneo en equipo y apoyo mutuo. Había novedad en todo: el primer teléfono, el primer cliente, la primera factura, el primer cheque, que quedaron enmarcados. La emoción se debía, en parte, a ver un sueño hecho realidad; en parte, al temor de que todo pudiera venirse abajo. Todo parecía tan joven, bullicioso y frágil al mismo tiempo. Sin embargo, por encima de todo, había mucha diversión. Ahora, miro hacia atrás y pienso: ¿a dónde se fue la diversión?

Diseñador, inicio de un nuevo medio de comunicación

La energía de la creación es más fácil de utilizar y mover que la del sostenimiento. La creatividad se refiere a cosas nuevas que son divertidas, desafiantes y positivas. Todo es emocionante en la etapa de creación, hay cantidad de energía para gastar. Sostener todo después de haberlo creado requiere una gran cantidad de otras cualidades como paciencia, serenidad, perdón, fe. Todos éstos son hermosos valores humanos, pero más lentos y calmados que los que se encuentran asociados con el calor del nacimiento y la creación. También son menos comunes en los negocios que la diversión y la pasión asociados con la etapa de la creación.

Su iniciativa de cambio también estará sujeta al ascenso y caída de la energía de creación y sostenimiento. Lógicamente, es imposible mantener el carácter de nuevo en un cambio pero es posible mantenerlo fresco.

En éste y en el siguiente capítulo describo dos formas (complementarias) de hacerlo.

La rueda del aprendizaje: mantener el cambio en movimiento

- El cambio es cíclico

- El aprendizaje es cíclico

- El cambio es aprendizaje.

Los supuestos de arriba-abajo de muchas metodologías de cambio tradicionales pueden parecer irreales si usted no es un CEO recién llegado o un nuevo líder a quien se han concedido poderes extraordinarios. No en todas las compañías el cambio es un evento cataclísmico, revolucionario o importante. El cambio es cualquier cosa que sea diferente de lo que existe ahora. El cambio es lo que usted hace cuando aprende o cuando soluciona un problema. En ese sentido, el cambio es su trabajo, el trabajo de todo el mundo.

Citas para citar

"El arte de hacer que no surjan problemas es más fácil que el de ajustarlos cuando se presentan".

Anónimo

¿Cómo garantizar que cualquier proyecto o equipo de cambio del que usted forma parte está aprendiendo y tiene una mentalidad abierta para cambiar continuamente?

Respuesta: La rueda del aprendizaje. Comienza, simple y llanamente, con una pregunta. El cambio no ocurre para ajustar nuestros modelos de cambio. Puede resultar difícil encontrar o crear un punto de partida ajustado para un modelo de visión-análisis-implementación. Puede ser imposible seguir una secuencia lineal y ordenada de actividades de un programa de cambio. Sin embargo, no existe un tiempo en que usted *no pueda* hacer una pregunta acerca de su trabajo o de su equipo. Esa es la razón de por qué este aprendizaje no necesariamente es transaccional: ¿qué nueva destreza o qué nuevo hecho necesitamos adquirir?; no obstante, es de transformación: ¿qué estamos produciendo y qué podríamos mejorar?

> **Citas para citar**
>
> "Para existir hay que cambiar; para cambiar hay que madurar; para madurar hay que crearse a sí mismo en una cadena interminable".
>
> *Henri Bergson, filósofo*

Usted también puede hacer una pregunta en las buenas y en las malas épocas. ¿Por qué siempre necesitamos estar enfrentando una crisis para vernos forzados a cambiar?

Cambio es lo que usted pone en movimiento cuando hace una pregunta

El cambio puede ser de verdad continuo cuando nos lleva a una exploración en profundidad de nuestra experiencia. Estar interesado en lo que hacemos –no, más aún, estar fascinados con lo que hacemos y con lo que nos sucede– es un prerrequisito para liderar un lugar de trabajo más productivo, divertido y con propósitos definidos.

La horrible posibilidad que surge como una alternativa es que usted puede hacer una gran cantidad de cambios y, a la hora de la verdad, no aprender nada de ellos.

Entender el aprendizaje como la directriz del cambio lleva a la organización a recuperar el control. En lugar de verse apaleada por cambios fragmentarios en el entorno exterior, que no desea que sucedan, la organización misma, curiosa consigo misma, siempre dispuesta a mejorar, se convierte en su propia fuente de renovación.

El trabajo de un líder es hacer preguntas. Existe una razón para decir que la única función del liderazgo es encontrar la mejor manera de formular las preguntas más estratégicas, y el mejor modo de crear una organización con las respuestas obtenidas.

- ¿Qué estamos haciendo bien?
- ¿Cómo podemos captar lo que hacemos bien para las épocas en que la situación se torne más difícil?
- ¿Qué podemos hacer mejor?
- ¿Por qué sucedió eso?
- ¿Qué podemos hacer a continuación?
- ¿Qué tipo de persona debemos emplear?
- ¿Qué podemos evitar?
- ¿Qué evitamos?
- ¿De qué podríamos estar más conscientes?
- ¿A dónde se fue la diversión?
- ¿Hacia dónde estamos encaminados?
- ¿Estamos exigiéndonos?
- ¿Somos condescendientes?
- ¿Estamos trabajando muy duro?
- ¿De qué tenemos miedo?
- ¿Qué estamos aprendiendo?
- ¿Qué podemos hacer para tomar las decisiones más rápido?
- ¿Qué podemos hacer para mejorar la calidad?
- ¿Qué podemos hacer para satisfacer mejor las expectativas del cliente?
- ¿Qué quieren hoy nuestros clientes?
- ¿Qué querrán nuestros clientes mañana?
- ¿A dónde más podrían ir por ello y por qué?
- ¿Quiénes somos?
- ¿Qué pretendemos ser?
- ¿Qué podemos hacer para sentir más pasión por nuestro trabajo?

- ¿Qué podemos hacer para ser más creativos en nuestro trabajo?
- ¿Lo que hacemos es bastante profundo y complejo?
- ¿Es demasiado complicado?
- ¿Es bastante simple?
- ¿Es demasiado caótico?
- ¿Es demasiado ordenado?
- ¿Es demasiado seguro?
- ¿Contamos con presupuesto?
- ¿Contamos con el tiempo suficiente?
- ¿En dónde están los costos?
- ¿Cuáles son las utilidades?
- ¿Cuál es el retorno sobre la inversión?
- ¿Dónde está el valor?
- ¿Dónde está el propósito?
- ¿Dónde está el amor?
- ¿Qué hay en el camino?
- ¿Soñamos bastante?
- ¿Analizamos bastante?
- ¿Pensamos bastante?
- ¿Sentimos bastante?
- ¿Podemos derribar las barreras?
- ¿Discutimos lo "indiscutible"?
- ¿Qué estamos haciendo acerca del pasado?
- ¿Qué estamos haciendo con respecto al futuro?
- ¿Cómo estamos invirtiendo nuestro tiempo?
- ¿Cómo estamos gastando nuestro dinero?
- ¿Cómo nos tratamos unos a otros?
- ¿Qué damos por sabido?
- ¿Qué estamos preservando?
- ¿Hay claridad en lo que creemos?
- ¿Está funcionando?
- ¿Es correcto?
- ¿Es verdad?

- ¿Estamos vendiendo por debajo de nuestro precio?
- ¿Qué oportunidades estamos perdiendo?
- ¿Qué impacto tengo yo?
- ¿Cómo puedo verificar que me han entendido?
- ¿Sirvo como inspirador?
- ¿Delego funciones en la medida justa?
- ¿Creo en ello?
- ¿Cómo puedo estimular el sentido de propiedad?
- ¿Cómo puedo demostrar confianza?
- ¿Qué me ata demasiado?
- ¿Quién podría darnos una nueva perspectiva?

Cuatro etapas para aprender

La rueda del aprendizaje tiene cuatro etapas; la primera es la **Pregunta**.

Charles Handy, quien esbozó este mismo modelo simple del aprendizaje en su libro *Inside Organizations*, nos recuerda el viejo adagio de que quienes no hacen preguntas no recibirán mentiras –tal vez–, pero tampoco agregarán nada a su comprensión del mundo. Las preguntas ponen a girar la rueda.

Luego sigue la etapa de la **Teoría**: la pregunta exige una respuesta. Las hipótesis se crean para sugerir una forma de avanzar.

Las teorías se materializan, y en ningún otro momento, cuando emprendemos la **Acción**. Las acciones cristalizan nuestras ideas y sueños, nos demuestran cómo funciona la Teoría frente a nosotros y no frente a nuestra imaginación.

Nuestras Acciones tambalean alrededor de nuestra vida, estúpidas, sin verificación y quizá lastimando, a menos que reflexionemos sobre su idoneidad o efectividad.

La **Reflexión** nos permite determinar si la acción necesita ajustes o la teoría requiere de un giro. O, tal vez ¿sería mejor si hacemos una nueva pregunta?

Pregunta, Teoría, Acción, Reflexión: es el ritmo del aprendizaje.

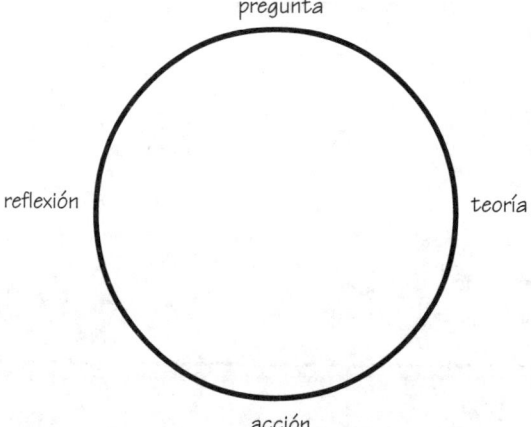

El reto que usted enfrenta como gerente o líder consiste en mantener el ciclo de aprendizaje moviéndose de manera efectiva. Para hacerlo, necesita cultivar ciertas condiciones o hábitos en cada etapa.

Para generar Preguntas, usted debe inculcar el hábito de la Curiosidad

La curiosidad mató al gato sólo en un cuento que narró una madre exasperada por la innata manía de preguntar que tenía su pequeño. (En realidad, la estupidez mata a los gatos o una falla en el riñón). La curiosidad es la que dirige la necesidad de saber qué es lo que nos catapulta del conocimiento dependiente del niño a la madurez del aprendizaje autoconsciente. La curiosidad crea seres humanos inteligentes. Se ha dicho que la mitad de lo que una persona aprende en su vida, lo ha conseguido a la edad de siete años. Lo que tiende a adoptarse entonces son las seguridades del ego de que cualquier otro conocimiento amenazaría el duramente ganado *statu quo* psicológico, o que simplemente no vale la pena tomarse el trabajo de adquirirlo. Agregue a esto la inmersión de la mayoría de nosotros en las escuelas a favor de los hechos y pruebas de experimentación y exploración, y usted entenderá por qué es tan poca la curiosidad que hay en la edad adulta.

La curiosidad tiene que ser estimulada para dirigir cualquier forma o nivel de aprendizaje. La curiosidad se expresa a sí misma a través de preguntas

*   ¿por qué tenemos que hacer *eso otra vez*?

*   ¿cuáles han sido las causas de esto?

Sin embargo, gana su reiterada intensidad a partir del alcance y cantidad de preguntas. Las organizaciones que aprenden necesitan preguntas constantes, la expresión más externa de no estar nunca satisfechas con la manera como se han hecho o se están haciendo las cosas. Las organizaciones que aprenden también necesitan preguntas amplias y profundas, preguntas que se hallan bastante debajo de la superficie de los problemas actuales, en los hábitos, patrones y debilidades que hay en el fondo de ellas. Las preguntas seguras conservan la seguridad. Plantear preguntas sencillas como ¿por qué? o ¿por qué no? demuestra que la urgencia hacia la seguridad está muy limitada y posiblemente es peligrosa para la organización. El viejo mundo de los negocios se refería a la optimización de la producción: hacer lo mismo, una y otra vez, pero más barato que los competidores. El nuevo mundo busca maximizar la imaginación, haciendo las preguntas que los competidores han olvidado y explotando las respuestas con creatividad y rapidez.

Para generar Teorías, usted debe inculcar el hábito de la Creatividad

Las preguntas exigen respuestas. La mente suele ser muy buena para responder a esa necesidad, dando casi sin pensar una solución o, por lo menos, la verdad amable de "Yo no sé". (En realidad, "Yo no sé" no es algo que usted haya escuchado decir mucho en las organizaciones: el ego se siente vulnerable cuando confiesa su ignorancia). El problema está en que las respuestas instintivas, aunque llenan el silencio, pueden no ser muy apropiadas en tiempos de dificultades. El peligro con las respuestas es que bien podrían matar a las preguntas, en la misma forma que decisiones asesinan alternativas.

Necesitamos *cantidades* de posibles respuestas, no las mismas que nos han llevado a este pasaje en primer lugar. Cultivar el hábito de la creatividad impulsa a su personal a mirar más allá de la respuesta trivial y fácil, y a aportar nuevas ideas, abrir nuevas puertas, crear nuevas oportunidades.

Las ideas creativas vinculan a los demás: emocionan y comprometen a la audiencia. Fijan metas amplias al crear nuevas posibilidades que no se consideraron antes. La creatividad, a partir de su naturaleza como un proveedor de soluciones, da la certeza de que el cambio es posible y puede lograrse.

Aumentar la capacidad de las personas para la creatividad les permite avanzar de acuerdo con su instinto para dejar que alguien más resuelva un problema.

Para producir Acción, usted debe inculcar el hábito del coraje

Toda la creatividad del mundo no hará que usted sea bueno si no cuenta con el coraje para implementar sus ideas. El coraje le da a la gente la voluntad para superar obstáculos, tomar riesgos, exigirse a sí mismos. El coraje es la capacidad innata que todos poseemos para funcionar más allá del ego, y sus exigencias para mantenernos seguros, cómodos, agradables, respetables. El coraje no es algo que usted aprenda, sino a lo que usted tiene acceso ya que está en su interior (esa es la razón para que usted aprenda en un evento de entrenamiento al aire libre). Al mismo tiempo, el coraje se fortalece mediante las excursiones repetidas al mundo fuera de la zona de comodidad, y se debilita cuando hay renuencia a ir allá.

Coraje es lo que usted necesitará para presentar soluciones que sean contrarias a la cultura organizacional o al condicionamiento personal. Coraje es lo que usted necesitará para poner su reputación en juego en aras del cambio. Coraje es lo que usted necesitará para derrotar la resistencia burocrática o la farsa política. Un entorno en donde se entienden y propician las acciones de coraje sin recriminaciones, permite que los demás lo sigan. Ese *momentum* le ayudará a garantizar que no terminará como un héroe muerto.

Consulte en este libro la información acerca del temor por las ideas sobre cómo liberar su propio coraje, pero recuerde que el miedo más grande que la mayoría de las compañías genera es que usted perderá su trabajo a menos que participe en el juego. Actúe como usted es: una persona de medios independientes y sólida riqueza personal que estaba trabajando por la diversión que hay en el trabajo (la cual, después del capítulo uno, usted sabe que está en cualquier parte) y se sorprenderá de lo mucho que va a lograr.

Para estimular la Reflexión, usted debe inculcar el hábito de la Franqueza y la Honestidad

La desalentadora señal del político que evita dar una respuesta directa a una pregunta directa es casi suficiente para llevarnos a cada uno de nosotros a una vida de honestidad, pero evidentemente no tanto como debiera ser. Hay un gran número de lugares para ocultarse dentro de una organización y, a menudo, la verdad permanece oculta bajo el concepto de que ojos que no ven, corazón que no siente. Encontramos formas milagrosas de no decir o no escuchar la verdad. Esta capacidad de evitación en el trabajo se ve compensada solamente con nuestra descarada habilidad para compartir en el bar o en la cafetería.

El cambio es bastante complejo en las organizaciones sin que entorpezca nuestra capacidad para decir cuáles acciones realmente funcionan y cuáles no, cuáles teorías están condenadas desde el comienzo y cuáles albergan un poco de esperanza; cuáles preguntas nos mantienen en la oscuridad y cuáles nos llevan por el camino de la luz. Sin franqueza, el ciclo del aprendizaje se convierte en el rocadero de una rueca en movimiento rápido, indudablemente colorido, extrañamente unido pero, en definitiva, sin ningún sentido.

La Reflexión sella el aprendizaje. La Reflexión que engaña o distorsiona la verdad se sella con frustración y desperdicio.

Curiosidad, creatividad, coraje, franqueza: constituyen el anillo exterior, la fuerza de locomoción del círculo del aprendizaje.

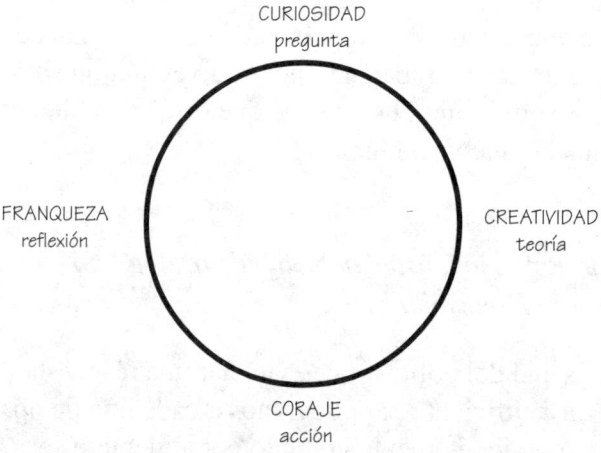

CURIOSIDAD
pregunta

FRANQUEZA
reflexión

CREATIVIDAD
teoría

CORAJE
acción

Citas para citar

"St Luke cambia cada año debido a que sus propietarios cambian... Estos propietarios vienen a St Luke con el concepto de que nos mantenemos explorando. Si alguna vez dejáramos de explorar, seríamos tan culpables como cualquiera otro de encontrar una fórmula y adherirnos a ella. Las fórmulas funcionan a corto plazo, como las recetas médicas. Sin embargo, si usted se apega a ellas, cada vez será más inmune a los efectos del cambiante mundo exterior... Usted sabe que su compañía está envejeciendo cuando el porcentaje de la gente que quiere aplicar un cambio es menor que quienes quieren basarse en las prácticas de los viejos buenos días... nuestra Visión —Mentes Abiertas— está ante nosotros para recordarnos lo que sucederá cuando dejemos de explorar".

Open Minds: 21 Business Lessons and Innovations from St Luke's, Andy Law

Charles Handy es una persona que hace Grandes Preguntas.

Este filósofo social de talante afable y con un estilo de comunicación sosegado (hace tiempo comenzó a eliminar con éxito la distinción entre asuntos de negocios y los de la existencia humana más amplia) inició su amplia trayectoria en Shell, en donde aprendió mucho acerca de los supuestos y creencias que dirigen a las grandes organizaciones. Incluso en el pasado debe haber sentido que ser grande no era la manera de avanzar. Pasó algún tiempo en el MIT para aprender durante la era de Ed Schein y otros expertos en relaciones humanas, y estuvo en la London Business School, en donde fue profesor desde 1972. Handy también ha sido Director de la Casa de St George en el Castillo de Windsor y presidente de la Real Sociedad para el Fortalecimiento de las Artes, la Fabricación y el Comercio.

The Age of Unreason, la relevante obra de Schein, en donde sugirió por primera vez y con más vehemencia que la única manera de avanzar para superar los retos del cambio impredecible, distorsivo y discontinuo era mediante el aprendizaje del cambio por nuestra propia cuenta. Un nuevo tipo de pensamiento y comportamiento era especialmente necesario y un nuevo reto quedó planteado para los profesionales de carrera inteligentes.

"...el cambio discontinuo requiere un pensamiento discontinuo, de arriba-abajo para tratarlo, incluso si pensadores y pensamientos parecen absurdos a primera vista".

Handy no sólo se contenta con etiquetar las paradojas de nuestro complejo mundo: nos incita a buscar la realización personal y de las organizaciones, y sabe que esto puede lograrse "si podemos comprender lo que está sucediendo y estamos preparados para ser diferentes".

El talento particular de Handy expresa posibles soluciones para la necesidad de hacer cosas de un modo diferente, en imágenes que se han marchitado en su camino hacia el banco de memoria de la literatura empresarial. La obra de Handy se encuentra en un mundo de organizaciones separadas en divisiones, estructuras invertidas y carreras de portafolio, contratos confusos, curvas sigmoideas e impermeables vacíos. La última imagen de caza, inspirada en una escultura de Judith Shea, expresa para Handy el temor de que "si el progreso económico significa que nos convertiremos en piezas secundarias y anónimas de la máquina de la organización, entonces dicho progreso es una promesa vacía".

Personas inteligentes que debe tener a su lado:

Charles Handy

Handy es muy fácil de leer pero "debajo de su estilo benigno y positivo", como lo señala la revista *The Director*, se encuentra una intención radical. En mi opinión, el trabajo que más enciende el pensamiento es *The Hungry Spirit*, que nos lleva a contemplar "el significado del negocio", sin el cual todo este cambio que estamos atravesando podría parecer una pesadilla absurda e interminable:

¿Qué es lo bueno que posiblemente puede hacerse para acumular riquezas que no puede concebirse que usted utilice y cuál es el punto de la eficiencia necesaria para crear esas riquezas, si un tercio de los trabajadores del mundo están ahora desempleados o son subempleados, según calcula la OIT? ¿Y en dónde terminará esta pasión por el crecimiento? Si vamos a crecer según el índice actual, en cien años estaremos comprando 16 veces lo que ahora adquirimos. Incluso, aunque el medio ambiente pueda tolerar la carga, ¿qué vamos a hacer con toda esa basura? En la actualidad hay 70 corporaciones que son más grandes que muchas naciones. ¿Importa eso?... La evidente falta de interés acerca de estos problemas por parte de quienes ocupan sitios poderosos huele a complacencia... Estoy preocupado por la ausencia de una visión más trascendental de la vida y sus propósitos, y por la prevalencia del mito económico que cubre todo lo que hacemos. El dinero es el medio de vida y no su fin. Debe haber algo más que podamos hacer para restablecer el equilibrio.

Como hijo de un sacerdote, Handy no sólo predica. Dedicado a desafiarnos para saber cuándo basta y sobra, se sienta con su esposa al comienzo del año y calcula los ingresos que necesitarán para hacer las cosas que les gustaría alcanzar durante ese lapso. Cuando ha ganado esa cifra, simplemente se rehúsa a trabajar más, aunque debe ser considerable la tentación de dictar una lucrativa conferencia ante un auditorio de CEO[5].

Handy tiene otra carrera como colaborador de la sección *Thought for the Day* de la BBC Radio Four, en su programa de noticias de la mañana, *Today*. Sus suaves reprimendas probablemente han inducido a muchos oyentes soñolientos a pensar en grande y a hacerse grandes preguntas, a medida que inician otro tedioso viaje hacia la oficina.

El círculo interior está conectado naturalmente. Las teorías no son hijas de las preguntas sino simplemente su campo de juegos. Las acciones que no son los resultados de las teorías son experimentos aleatorios. Las reflexiones que no ponen a prueba acciones son simple filosofía que es adecuada en su ambiente, pero inapropiada en la realidad pragmática del trabajo.

Del mismo modo, el círculo exterior está conectado y es acumulado. Sus preguntas, por ejemplo, dirigidas por la curiosidad, deben ser creativas y tener coraje si van a demostrar lo que usted quiere decir con negocio. Deben ser bastante creativas para demostrar que usted está pensando en nuevas formas acerca de antiguos problemas, y tener suficiente coraje para demostrar que usted está preparado para desplazarse más allá de la acogedora superficie que aflige a la compañía.

Todos los aspectos de la rueda cuentan con el combustible de la Franqueza.

(...bueno, uno puede soñar).

Haga girar la Rueda del Aprendizaje en su compañía

"Siempre la respuesta hermosa a quien hace una pregunta más hermosa".

e e cummings

Recuerde que la calidad de la pregunta que usted plantee determina la calidad de las respuestas y, al final, a través de la acción, el resultado. Compare el ciclo de aprendizaje probable que generan las dos preguntas de: "ellos siempre son tan cínicos; ¿para qué?" y "ellos siempre son tan cínicos; ¿cómo puedo aprender más acerca de sus temores y dudas o motivadores, de modo que yo pueda hacer un mejor intento la próxima vez?". O ¿qué pasa con la diferencia entre "hay tanto cambio?, ¿qué haré si pierdo mi trabajo?" y "¿qué puedo aprender aquí ahora que aumentará mi valor si mantengo mi trabajo aquí o si me voy a otra parte?". Formule preguntas constructivas:

• Sus resultados se forman de acuerdo con las preguntas que usted hace; sin embargo, también se ven afectados por las que deja de hacer. Desafíe a su personal en todas las reuniones, diciéndole: "¿Qué podríamos estar perdiendo aquí?".

• Aguijonee la curiosidad existente. Pregúntele por lo menos a una persona cada día "¿Qué pasa con ...?, ¿ha considerado usted...?".

• Incluso mejor, pregunte: ¿Qué preguntas está haciendo *usted* hoy?

• Usted puede matar la curiosidad amenazando o pareciendo que amenaza. ¿En qué medida su cultura corresponde al concepto de "tener razón la primera vez"? ¿Qué tan apropiado es demostrar la ignorancia o decir, "Yo no sé"?

• ¿Qué tan tranquila y divertida es su cultura? ¿Qué tan paciente y dispuesta a perdonar? ¿Son errores de los que se aprende y producen risa (con el tiempo), o se mantienen sobre la gente como un eje? Si la gente no puede ser ella misma, si constantemente está peleando para mantener una máscara de invencible o de experta, entonces usted no despertará la curiosidad. Piense en su propia curiosidad de la infancia, acosando a sus padres con ¿por qué? ¿por qué? ¿por qué? Si en alguna ocasión sus padres giraron y le dijeron "Niño estúpido, ¿cómo es que no sabes ya eso?, o "Preguntaste exactamente lo mismo la semana pasada, ¿no has aprendido todavía?", o "Deja de molestarme, tengo algo más importante que hacer", o "Estoy comenzando a pensar que tu hermana tiene razón. No tienes remedio. Voy a llevarte de regreso al sitio de donde te trajimos y a pedir un cambio", entonces ellos habrán asesinado su curiosidad. (A propósito, si su niñez fue similar a esto, siento tener que utilizarlo como un estudio de caso. Pediré su autorización para la próxima edición).

• ¿Qué tan positiva es su cultura? ¿Qué tan fácil es saber qué es lo que funciona bien y en cambio no lo que está fallando o avanzando penosamente? Con frecuencia, la gente se enfoca en las noticias nuevas o negativas –piense en la naturaleza de la red de rumores– y resulta sorprendente la manera como las compañías simplemente participan de ese hecho por la especialización en esa área. ¿Cuántas noticias buenas aparecen en el tablero de su empresa o en la circular? ¿Cuánta información hay sobre los contratos que se han ganado, los clientes que se han conservado, las decisiones difíciles que se han tomado, los principios o valores corporativos defendidos, el reconocimiento por servicios extraordinarios? Otra prueba muy simple sobre el carácter positivo de su cultura: defina la frecuencia con que sus reuniones comienzan con la pregunta de "Cuéntenme, ¿qué está funcionando bien aquí?

- ¿Están descansando las estrellas de su compañía en los logros y el conocimiento del pasado o siempre buscan aprender algo nuevo?

- Considere cuántos de sus sistemas y procesos reflejan esta situación. ¿Qué tanta oportunidad dan sus entrevistas de reclutamiento, por ejemplo, para que los candidatos demuestren su curiosidad? ¿Qué tanta curiosidad genuina y natural demuestra usted hacia ellos?

- Pregúntele a la gente qué es lo que quiere. Entrégueles lo mejor de su capacidad. Manténgase preguntándoles qué es lo que quieren. Éste es el primer principio de motivación (y de conservación de su personal).

- Pregúntele a la gente qué es lo que necesita aprender para realizar mejor la parte del trabajo que le corresponde para desplazar la compañía hacia su Visión. Suminístrelo. Éste es el primer principio para el desarrollo del personal.

- ¿Qué tan abierta es su mentalidad ante los cuestionamientos? Si alguien le pide que se explique, ¿asume usted una actitud defensiva, de rechazo o de enjuiciamiento?

- Dedíquele a la gente tiempo formal para compartir experiencias y aprender.

- Lleve al máximo la diversidad. Mezcle géneros, razas, persuasiones, puntos de vista. Prepárese para llevar a la gente a un nivel de entendimiento por encima de cualquier conflicto inmediato que pueda surgir. Asegúrese de contar con diversidad y no con homogeneidad, la cual asesina la curiosidad. En una ocasión asistí a una conferencia internacional. Los organizadores se mantuvieron diciéndonos lo orgullosos que se sentían de haber reunido a un grupo tan diverso de personas. Yo miraba alrededor. La mayoría éramos de clase media, entre 35 y 50 años de edad, básicamente de raza blanca. Lo que ellos querían decir era que algunos de nosotros habíamos viajado un gran trayecto para estar allí, pero eso no es diversidad. Aprendimos poco en esa conferencia debido a que estuvimos predicando entre nosotros, cuando en realidad ya estábamos convertidos.

- Dedique tiempo a los cambios, rotaciones o intercambios en el trabajo. Todos deben pasar un día en la silla de la recepción. Todos deben contar con un día haciendo las veces del jefe.

- Demuestre que todo lo que hay en su compañía es transitorio (como así es) y está listo para cambiar. Como nada es eterno, anime a la gente a desafiar incluso las prácticas más enraizadas. Pregunte, "¿Podemos hacerlo mejor?" acerca de todo y con regularidad.

- Presente información en formas interesantes, con relevancia y dentro de un contexto. Cada dato debe tener una implicación clara y un conjunto definido de consideraciones que deben dársele. "Aquí está el pronóstico del flujo de nuestro inventario. Esto significa X, Y y Z. ¿Qué necesitamos hacer debido a A, B y C? ¿Alguna sugerencia?".

- La gente mata su propia curiosidad con una baja autoestima; de modo que sea generoso (y específico) (y honesto) (y dígalo públicamente) cuando haga un elogio.

- La gente mata su propia curiosidad cuando cree que alguien más en realidad está haciendo el trabajo o consiguiendo la fama en este momento. Aprenda a delegar autoridad y responsabilidad, de manera que la gente tenga que esforzarse para alcanzar la meta. Sea claro en que en las funciones que delega se han determinado "qué", "para cuándo", "con qué prioridad" y "en qué estándar" (y siempre verifique: "¿está todo claro y entendido?"), pero no el "cómo". Si ellos le preguntan "cómo", responda "No sé. Avancemos y lo encontraremos".

- La gente mata su curiosidad cuando no puede comprender. Entrene a todos en técnicas para escuchar con atención y en aprender cómo aprender.

- La gente mata su curiosidad cuando no puede presentar bien sus ideas. Entrene a todos en técnicas de comunicación y presentación de primera clase.

- La gente mata su curiosidad cuando pierde la capacidad para sorprenderse con lo que sucede a su alrededor. Haga del trabajo una aventura. Establezca metas enormes. Anime los grandes sueños. Tome riesgos. Lleve diversión. En otras palabras, permita que la gente entienda cuál es su potencial, en lugar de restringir el potencial humano a los temores más persistentes y los hábitos arraigados.

"Nunca pierda una bendita curiosidad"

Albert Einstein

"El aprendizaje se presenta entre un miedo y una necesidad. De un lado, sentimos la necesidad de cambiar si vamos a lograr nuestras metas. Del otro, sentimos la ansiedad de enfrentar lo desconocido y lo que no resulta familiar. Para aprender cosas significativas debemos suspender algunas nociones básicas acerca de nuestros mundos y de nosotros mismos. Esa es una de las propuestas más atemorizantes para el ego".

Peter Senge

Citas para citar

Personas
inteligentes
que debe tener
a su lado:

Peter Senge

Peter M. Senge es director del Centro para Aprendizaje Organizacional de la Sloan School of Management del MIT y socio fundador de la firma de consultoría en gerencia y entrenamiento Innovation Associates. En 1990 publicó *The Fifth Discipline: The Art and Practice of the Learning Organizationa* (Doubleday/Currency) e impulsó un gran debate y exposiciones teóricas acerca de un ente que casi constantemente se ha rehusado a aparecer. Las organizaciones que aprenden se parecen un poco al Monstruo de la Laguna: todos quieren creer en él pero muy, muy pocos lo han visto.

Senge mismo tiene una respuesta para esto. "No hay nada como una organización que aprende", explica, lo cual parece algo muy osado para que lo diga un gurú acerca del tema que está más asociado a su nombre, y del cual devenga la mayor parte de sus honorarios. Por esto, él quiere decir que una "organización que aprende" es tanto como una visión externa de la realidad y que lo importante es la calidad de las preguntas y la experimentación que el término provoca en nosotros. Inspiradas en la investigación para convertirse en una "organización que aprende", muchas compañías (Ford, AT&T, Federal Express entre ellas) están haciendo experimentos osados en términos de comunicación, creación conjunta de la visión, democratización, rediseño estructural y trabajo en equipo, y en particular siendo bastante pacientes para buscar los orígenes sistémicos de los problemas que enfrentan, en lugar de apresurarse a "fijar" los síntomas del problema tan pronto surgen.

Ciertamente las compañías se están moviendo mucho más rápido en estas direcciones de lo que Senge nunca acuñó en su expresión.

Cuatro departamentos que nunca fueron

Departamento P

Propósito:

• escuchar al mundo para oír lo que está exigiendo/demandando de la compañía y traducirlo en tentativas estratégicas de aprendizaje u orientadas por metas

- trazar y, tan rápido como sea posible, predecir cambios en el entorno, de modo que se dirija a la organización en la dirección "correcta"

- difundir la realidad de que al hacer una pregunta con frecuencia se llega a otras siete y que, por consiguiente, la frustración y la confusión son el efecto colateral inevitable de vivir en épocas de cambio constante y paradójico, y *no* el resultado de que nosotros seamos tontos de remate.

Departamento T

Propósito:

- promulgar el pensamiento de ambos/y (en lugar de y/o)

- integrar y sintetizar el conocimiento procedente de diversas fuentes para constituir un banco de conocimiento de posibles soluciones

- responder a la inteligencia que suministra el departamento P y producir procesos nuevos e innovadores, resultados nuevos e innovadores y mejores que los anteriores.

Departamento A

Propósito:

- mantener una verificación constante de las creencias, supuestos y prácticas de la organización e impedir el estancamiento, la complacencia y el desarrollo de otras formas de bloqueo

- suministrar una base de datos de destrezas y herramientas y un conjunto de recursos especializados, tanto internos como externos, para implementar el cambio

- asegurarse de que los nuevos conceptos estén usándose para escudriñar nuevos objetivos y establecer metas y medidas para el mismo.

Departamento R

Propósito:

- suministrar entendimiento del conjunto y para éste, a través de patrones de seguimiento del significado y el propósito en la experiencia de la compañía

- suministrar un liderazgo de equilibrio, juicio y reflexión

- influir en un entorno de apoyo y seguridad, de modo que puedan plantearse las preguntas grandes y *peligrosas*.

11
Alinear la organización: Parte 7

HACER QUE EL CAMBIO SEA DIVERTIDO

"Un espíritu de juego, un espíritu de rebeldía, un sentido de aventura, un ansia de desafiar y ser desafiado son las circunstancias que exponen nuestra mente a las experiencias que hacen crecer en nosotros nuevas conexiones neurales. Sin embargo, cuando un líder ya está dirigiendo una empresa exitosa, se requiere de un tipo especial de coraje para permanecer como un niño".

Rewiring the Corporate Brain, Danah Zohar

Ser supremamente serios con respecto a la diversión

Este capítulo, oculto casi al final de este libro, por temor a que la diversión se quede en el camino del verdadero trabajo, plantea dos retos supremamente serios.

- En primer lugar, un reto para usted como Maestro/Líder/Miembro del Equipo del Cambio Inteligente:

  ¿Cómo puede usted crear un entorno en su organización de modo que sus colegas quieran llegar a trabajar en la mañana?

- En segundo lugar, hay un reto personal para usted:

  ¿Cómo puede usted reinventar el porcentaje desproporcionadamente alto de su vida cuando se la pasó trabajando para crear un propósito, un significado y una satisfacción reales, en lugar de un trabajo que constituye un pesado y necesario estorbo para la "vida real"?

Yo diría que nosotros sólo estaremos en posición de enfrentar el primer reto cuando hayamos encarado el segundo.

Reinventar el trabajo

Con el paso de los años, he visto dos estrategias comunes y recurrentes para hacer que el trabajo sea divertido. La primera utiliza la diversión como una forma de vendaje que cubre el trabajo con capas de humor y entretenimiento. Las picardías son comunes durante las horas de trabajo, todos los empleados deben tener una caricatura colgada en su cubículo, y beber bastante entre las 6 de la tarde y las 8:30 de la noche de regreso a casa es casi una actividad compulsiva. En esencia, esta estrategia ve el trabajo como una faena pesada, una carga que no puede dejarse y sí debe soportarse, pero que, por lo menos, puede hacerse tolerable con un apunte gracioso y un estribillo divertido. Ésta es una estrategia que los británicos conocemos muy bien. Es el espíritu de la guerra. Alce la copa. No permita que los bastardos lo derroten.

La segunda estrategia es bastante diferente y es la Estrategia Inteligente. En ella se ve el trabajo bajo una luz distinta. Acepta el trabajo como parte de la vida y no como una interrupción en ella; por tanto, lo incorpora con todas sus dificultades, presión y frustración. Esta estrategia tiene tres puntos guía principales:

- que el propósito del trabajo es descubrir y expresar quiénes somos, como individuos como seres sociales. El trabajo nos permite crecer y desarrollar nuestros talentos, aprender cómo esforzarnos para generar nuestras ideas y combinarlas con las de los demás para producir algo más grande de lo que nosotros individualmente podríamos alcanzar

- que aprendemos tanto de la vida y de las épocas oscuras (y por consiguiente del trabajo), lo mismo que de los momentos de alegría y brillantez

- que esperar que el trabajo sea divertido todo el tiempo es una fantasía que no tiene posibilidad de convertirse en realidad.

En otras palabras, para las personas que siguen esta segunda estrategia, la diversión está *en* el trabajo y no separada de él. Hacer que para ellos el trabajo sea divertido se basa en un cambio de actitud interno, lo mismo que cualquier cambio en el entorno externo.

Elementos de la diversión

Escuchar a la gente que me cuenta que su trabajo es divertido, me ha enseñado que también hay otras cosas.

¿Qué quieren decir con diversión? y ¿cómo la encuentran?

Lo primero que debe anotarse acerca de la diversión es que es un fenómeno del todo subjetivo. Lo que es divertido para mí no necesariamente lo es para usted. Coleccionar estampillas es divertido para usted. En cuanto a mí, he recibido más de un golpe cuando me divierto deslizándome a toda prisa en mi tabla para la nieve cuando ya ha empezado la época de deshielo. Que la diversión es subjetiva y personal es una verdad que debemos aceptar con la misma rapidez con que decimos que lo que yo considero divertido no lo es para usted, pero tiene enormes implicaciones para todos aquellos que están tratando de crear una cultura corporativa que acepta y propugna porque el trabajo sea divertido. ¿Cómo va a encontrar usted una "diversión" que sea del todo aceptable? ¿En realidad va a ser usted capaz de tolerar toda la gama de diversión subjetiva que un equipo, un departamento o toda una compañía podrían contener?

De modo que ese es el primer elemento de la diversión: su subjetividad implícita. Quizás esto explique por qué siempre es divertido encontrar qué es lo que otras personas consideran divertido. Sólo pregunte.

El segundo aspecto que aprendí acerca de la diversión en el trabajo es que, cualquiera que ésta sea, por lo común se ajusta a una de las cuatro categorías siguientes:

1. *Conexión*

   Cualquiera que sea, es divertida debido a las relaciones que se establecen con otras personas, o quizá debido a una conexión con alguna causa o propósito.

2. *Logro*

   Cualquiera que sea, es divertido debido a que se logra algo positivo como resultado de hacerlo; es decir, una solución creativa, una experiencia de crecimiento personal, un triunfo, un resultado, una victoria.

3. *Alegría*

   Cualquiera que sea, es divertida debido a que irradia un sentimiento de energía, "susurro", bienestar o emoción, por ejemplo a través del humor, juegos o actividades entretenidas.

4. *Libertad*

Cualquiera que sea, es divertida porque los participantes están libres de (o infringen) restricciones personales, sociales o culturales, reales o imaginarias.

Una respuesta breve, entonces, a la pregunta de "¿Cómo hacer que el trabajo sea divertido?" sería decir que debemos trabajar o maximizar las experiencias que se ajustan en una o más de las categorías descritas anteriormente. Ésta es una respuesta corta y sencilla, pero no fácil. Las organizaciones brindan constantemente oportunidades para "conectarse", por ejemplo, pero la "conexión" describe la *calidad* de interacciones de unas personas con otras (es decir, en términos de empatía, honestidad, solución de conflictos) lo mismo que la *cantidad*.

Tres creencias fundamentales que obstruyen la diversión

También he encontrado que existen ciertas suposiciones fundamentales acerca del trabajo y las organizaciones, que se atraviesan en nuestros intentos de hacer que el trabajo sea divertido. Presento a continuación tres.

1. *La cultura organizacional del aplazamiento*

establece que:

Resulta bueno tener diversión, claro que sí, es sólo que ahora estamos demasiado ocupados. De modo que si usted no se opone, por favor traiga su diversión después de las 5:30 p.m. O en el fin de semana. O en vacaciones. O cuando se jubile, justo antes de que se muera después de haber trabajado como un esclavo aquí. Gracias por su atención.

El aplazamiento del placer es al que los consumidores de drogas que buscan recuperarse están condicionados, cuando tratan de romper su adicción al crack o la heroína. En su caso, quizás es un enfoque comprensible para su condición, pero me parece que es un límite psicológico en un individuo saludable.

No obstante, tal vez nuestras organizaciones no siempre han querido individuos saludables que nos lleven a...

2. *La* Neotonización *de las personas*

es una expresión grande y de moda, tomada de la biología, que alude al retardo en el desarrollo genético y evolutivo. Los perros son lobos neotonizados, es decir que son animales salvajes retardados, atraídos y, ahora, obligatoriamente criados en una domesticidad permanente. Los gatos, supongo, son felinos neotonizados; ellos comparten instintos primitivos para una existencia mucho más desarrollada de cazador/merodeador, pero en realidad todo lo que hacen es dormir en su regazo y lamerse los costados...

Generaciones de estructuras jerárquicas, culturas de mando y control y la ridícula solemnidad de las empresas por parte de los pocos que tienen más poder, han neotonizado demasiado a muchas personas. Las organizaciones no tienen lobos o felinos (independientes, confiados en sí mismos, poderosos). Ellas tienen las versiones amansadas de los mismos (dependientes, egoístas, débiles)... Los lobos pueden despertar temor para dirigirlos, pero están mejor equipados para sobrevivir y luchar. Los lobos no tolerarían el numeral 1 sobre aplazamiento.

3. *La medición de todo*

que siempre puede ser verdad en un mundo en donde todo se mira contra el renglón de los ingresos (el cual será entristecedor), pero que no quiere decir que siempre estamos en posesión de todas las herramientas de medición que llegaremos a necesitar. Un diversionómetro puede ser difícil de diseñar, pero le apuesto que si Bill Gates llegara a pensarlo, nosotros le daríamos el zarpazo sin problemas.

¿Después de todo, por qué molestarse por la diversión en el trabajo?

Porque puede estar convirtiéndose en una necesidad competitiva en un mundo de trabajo cambiante, que se ha desplazado de la edad de la producción a la era de la innovación y la información. Junto con esa transición se ha presentado un cambio en el énfasis del control organizacional al potencial del individuo.

En el viejo mundo de la producción y la línea de mando, las antiguas certezas fueron las que distinguieron a una compañía ante los ojos de sus potenciales empleados: salario, ascensos, halagos, siendo el tamaño de éstos el factor más importante en las tres categorías.

En la actualidad, sin embargo, encontrar y conservar a las mejores personas significa que las organizaciones tienen que sentirse cómodas con el cambiante y subjetivo mundo de su entorno, valores y necesidades personales, ya que éstos son los factores que tienen un mayor significado para todos nosotros.

Quizá necesitaremos una nueva definición de "cultura corporativa":

de

la manera como hacemos las cosas aquí; de modo que acostúmbrese a eso, no meta la nariz en donde no le corresponde y todo estará bien

a la de

todo lo que le interese mientras se encuentre aquí y mientras estemos tratando de obtener lo mejor de usted.

Tal parece ser el caso para los directores creativos en las agencias de publicidad. Quizá la relación con sus empleados –en donde el espacio para innovar, explorar y jugar está dado– brinda una mirada del entorno corporativo 'más laxo' en donde se requiere la diversión en el trabajo.

Citas para citar

"Sin conciencia del enorme absurdo de uno mismo no hay comedia, y sin comedia no hay inteligencia".

Howard Jacobson

Ocho cosas que usted puede hacer para lograr un entorno más laxo, relajado y amigablemente divertido

1. Atice la diversión en usted mismo, los suyos y su compañía.

Las organizaciones pueden ser sitios increíblemente tontos y estúpidos. Para lograr un cambio, no se enoje. Ríase. Haga sátiras. Caricaturice y haga mímica.

Personas inteligentes que debe tener a su lado:

Rosabeth Moss Kantor

Rosabeth Moss Kantor es una de las poquísimas mujeres que pueden desafiar los gustos de Peters, Pascale y Handy en términos de influencia internacional y renombre. Nombrada para la cátedra de 1960 de administración de negocios en la Harvard Business School, también fue editora de la Harvard Business Review entre 1989 y 1992. Bajo su administración, esta revista llegó a ser finalista en la National Magazine for General Excellence en 1991.

Al igual que Handy, los escritos de Kantor son humanos y se fundamentan en la sociología, abriendo el potencial para organizaciones que en verdad se basen en la gente. Es la autora de la noción de la firma posinterempresarial que se dirige a combinar las fortalezas tradicionales de una gran organización con la velocidad flexible de una organización más pequeña. En el centro de esto hay una lectura positiva del cambio. Busque la palabra "cambio" en el índice de su primer trabajo realmente popular, *The Change Masters* y se encontrará en dirección a otra entrada: "*Cambio: véase Innovación*".

Kantor deplora la "tranquila sofocación del espíritu empresarial en compañías segmentadas" y estimula el *empowerment*: "el nivel en el cual se concede u obstruye en los individuos la oportunidad de utilizar el poder efectivamente, se constituye en una diferencia operativa entre aquellas compañías que se estancan y las que innovan".

Posteriormente, ella ha ofrecido una fórmula de cuatro partes para aquellas compañías que están intentando dominar el cambio ("lo más importante que un líder puede ayudar a hacer en su organización). Estas compañías, en su opinión, deben:

- *tener un enfoque:* elegir sólo aquellas áreas en donde usted puede ser excelente en todas las dimensiones

- *ser rápidas:* aumentar la innovación de sus bienes para llegar con celeridad al mercado, agilizar su procesamiento de información y tomar decisiones rápidas, y ganar velocidad de recuperación para responder y determinar problemas

- *ser flexibles:* emplear el número más amplio posible de categorías de trabajo, minimizar la burocracia y explotar el trabajo de equipo interdepartamentos

- *ser amigables:* no sólo la amistad que ayuda a la colaboración dentro de la organización, sino la amistad que crea vínculos de confianza con sus clientes y proveedores.

Kantor también agrega un quinto elemento sugiriendo que a menos que las corporaciones puedan maximizar el placer y la satisfacción que el trabajo puede aportar al individuo, entonces no van a encontrar a nadie para hacer el trabajo porque las presiones del cambio pueden ser arrolladoras. Su quinto elemento es *diversión*, pero yo no puedo pensar que ésta sea una idea que alguna vez se vuelva popular, ¿verdad?

2. Celebre con frecuencia, por las razones más absurdas. Celebre "como si" usted hubiera terminado porque sabe que de otro modo el culto organizacional al aplazamiento lo sacará del camino. Celebre situaciones de la vida privada de las personas, lo mismo que de los aspectos fundamentales del proyecto de cambio.

3. Destierre las reprimendas los viernes. Organice una semana de "progresivamente menos regaños durante la semana". O por lo menos intente hacerlo.

4. Practique actos repentinos de amabilidad.

5. Mantenga con regularidad sesiones de "lluvias de ideas" (las cuales por sí mismas son divertidas si las hace de manera correcta; en caso contrario, invierta en alguien que pueda enseñarle cómo hacerlo) sobre temas diferentes: "cómo hacer reuniones más divertidas"; "cómo recompensar a su personal a un costo inferior al de $50 dólares por jornada", etcétera.

6. Aprenda algo divertido en grupo. Malabarismo. Esquí. Masaje japonés.

7. Como un equipo, entregue algo a la comunidad. Ofrezca una asesoría a una escuela, sesiones de entrenamiento en un club de trabajo. Limpie una corriente de agua.

8. Realice competencias dirigidas a suministrarle a usted otras 8, 18, 81, 888 formas de relajarse. Competencia Uno: las maneras más creativas para conectarse con colegas, nuestros clientes, nuestro propósito. Competencia Dos: las formas más creativas de celebrar logros, lograr este proyecto. Competencia Tres: las formas más creativas de liberar a la gente del trabajo. Competencia Cuatro: las formas más creativas de llevar alegría a nuestra organización.

Vale la pena celebrar el cambio

Para la gente inteligente, la conexión es el primer elemento de diversión en el trabajo.

Conexión puede significar una oportunidad de celebrar una reunión en donde se logre una discusión estimulante y se siembre la semilla de una idea brillante (que es el porqué la nueva sede principal de la British Airways está diseñada alrededor de una zona peatonal llamada *The Street*, para estimular deliberadamente a la gente a experimentar la oportunidad de tener encuentros).

Conexión podría aludir al sentido de propósito que usted siente cuando recuerda, aunque sea sólo por un momento, que su trabajo en verdad agrega valor al mundo. También podría describir una gran reunión de equipo en medio de un día de cualquier manera indescriptible; o las cuatro minimaratones de caridad que usted hizo el año pasado.

Me gustaría dedicar el resto de este capítulo a considerar un tipo más formal de conexión: la celebración corporativa.

Las celebraciones, y las ceremonias que ellas implican, brindan la oportunidad de resaltar creencias, ocasiones, sucesos o personas especiales. Ellas resaltan el valor del cambio. Son fenómenos antiguos, universales y multiculturales; cada ser humano en el planeta ha experimentado el ritmo y el significado de una ceremonia. Sin embargo, son subutilizadas en el mundo de los negocios. Esta parte del capítulo sugiere que podrían convertirse en un elemento crucial de cualquier programa de cambio.

El cambio produce pérdidas; una celebración apropiada podría ser vital para lograr que la gente viva la transición y deje el pasado (esa es la razón de los funerales y velorios). El cambio trae creatividad; una ceremonia o una fiesta es una

Funciones de una ceremonia

- relacionar
- conectar a los individuos con el todo, al individuo con el propósito
- convenir en los valores compartidos
- crear héroes/heroínas culturales
- crear, compartir y reunir nuevas historias culturales
- diseñar nuevos rituales o mecanismos culturales
- liberar la tensión
- estimular la creatividad
- suministrar una conclusión y un final
- dar la bienvenida a nuevas personas o prácticas.

excelente manera de celebrar públicamente un logro, resaltar valores o comportamientos particulares, o simplemente dar la bienvenida a algo nuevo en el mundo de la organización (que es lo que hacemos en una boda o un bautismo). El cambio ocurre a través del tiempo; una celebración podría establecer señales indicadoras significativas y, al mismo tiempo, revisar el progreso y establecer nuevos objetivos.

Cada una de estas necesidades podría satisfacerse con otras prácticas de negocios, claro está: un memorando aquí, un correo electrónico allá, un breve discurso al final de una reunión. No obstante, realizar una ceremonia o hacer una celebración le ofrece la oportunidad de sacar a su gente de las carreras y presiones, apartarla del estrés, sacarla de la monotonía y el aburrimiento. Le permite utilizar ese precioso recurso corporativo (tiempo) y hacer algo especial con él.

En las empresas, las celebraciones, si se efectúan, tienden a realizarse al final de los proyectos o al final del año en la atemorizante y pesada fiesta de la oficina. A menudo, estas celebraciones:

- permiten poco o ningún pensamiento diferente de lo puramente logístico (quién recogerá cuántos ebrios de cuál licorería cuándo) y rara vez algo acerca del propósito, tono o estructura del evento

- se realizan en cualquier sitio "lo haremos según el número de personas que hemos venido"

- se caracterizan por materiales de baja calidad (vino malo y decoración barata) que quizá demuestran la verdadera actitud de la organización hacia el evento

- están resaltadas con "unas pocas palabras" preparadas a las carreras y bastante mal transmitidas por parte de una persona mayor que probablemente tiene poca conexión con las personas reunidas (y lo demuestra con sus acciones)

- se preparan de afán, se desarrollan de afán, pasan con rapidez.

La intención no puede estar equivocada. Instintivamente, sabemos que reunir a un grupo de personas al mismo tiempo, en el mismo lugar es bueno para el espíritu de grupo. Sabemos que una reunión de esta naturaleza puede ser más amplia con comida, bebida o accesorios. E incluso, la celebración de negocios habitual más opaca implica un ritual: la ceremonia de premiación, la elaboración del discurso. De esta manera, hasta la fiesta de oficina más aburridora cuenta con los mismos componentes de la más elegante y elaborada ceremonia. De modo que ¿por qué no nos proponemos aprender cómo podríamos hacerlas mejor?

Es tiempo de entender que ser un buen anfitrión de una reunión es una habilidad, e incluso puede ser una forma de arte. La mayor parte de las empresas no pueden o no lo hacen bien. Las compañías piensan que una reunión ha sido buena si la mayoría de los invitados o de las personas esperadas sencillamente asistieron. Aún peor, piensan que son generosas por el simple hecho de hacer "fiestas", sin importar lo horribles que puedan ser.

El ritual y la ceremonia son las formas universales de celebración

Casi todas las ceremonias significativas tienen las mismas características. Piense en una ceremonia que le resulte familiar: la inauguración de los Juegos Olímpicos.

Sus principales atributos son:

- *cuidado* suficiente para demostrar la importancia de la ocasión: todos saben qué es lo que se pretende lograr con la ceremonia y cómo se hará. Se dispone de presupuesto y recursos. Se ha planeado por anticipado. Cada elemento se ha ensayado, no sólo los más visibles como el grupo de baile, sino cada detalle menor que ayuda a que el evento transcurra con normalidad, desde el recibo de las boletas, el control y el desplazamiento de la multitud hasta la limpieza de los baños

- un *sitio* apropiado: en el caso de los Juegos, de hecho, es el Estadio Olímpico. Quizá no hay demasiadas alternativas de cómo instalar a 70,000 personas, pero observe que el estadio es apropiado de todos modos. Es monumental y su reluciente escala corresponde al sentido de la ocasión. Se dirige a una audiencia diversa en sitios específicos y, además, por virtud del círculo rojo que rodea la pista atlética y las marcas en el campo, ubica mentalmente a la gente en la razón última por la que están allí: las actividades deportivas por comenzar

- el uso de *música* poderosa: volumen, audiencia, definición de las etapas de la ceremonia

- el uso de un *silencio* deliberado, por razones similares

- el *comportamiento ritual o estilizado* en la forma de procesiones, marchas, bailes

- *vestuario*: los trajes nacionales de cada país, los uniformes oficiales

- *simbología:* las banderas de los países, los cinco círculos entrelazados de la bandera olímpica, la llama olímpica, el corredor solitario

- las *narraciones*: el énfasis en su sentido de continuidad desde el pasado hasta el futuro, sus orígenes históricos y míticos, sus vínculos con gentes de toda la tierra

- *estructura*: la ceremonia sigue un orden particular, tal como un servicio religioso

- *estética:* luces, sonido, colores y formas para producir un espectáculo hermoso

- *participación:* los miembros de la audiencia en ésta y en todas las ceremonias llegan para observarla y marcar la ocasión con su presencia. Cuando usted va a la ceremonia de inauguración de unos Juegos Olímpicos, obviamente está consciente de que se halla en un sitio en particular en un día especial, pero también lo está de que otras miles de personas hicieron exactamente lo mismo cuatro años antes, y cada cuatro años durante un siglo. Sin embargo, por encima de todo, la ceremonia permite participar, unirse, sea cantando, aplaudiendo, gritando e incluso sosteniendo un cartel pintado en el momento correcto. Es una experiencia colectiva, en la que usted se vuelve parte del todo

---

Estamos despidiendo a mucha gente que había trabajado junta durante varios años y queríamos hacer algo para resaltar eso. Más aún, el departamento mismo iba a cerrarse, o de otro modo iba a cambiarse y a fusionarse con otros en una nueva estructura corporativa. Ese departamento había existido desde que la compañía se creó el siglo pasado. Parecía tan inapropiado realizar una fiesta. Sin embargo, cada vez que consideramos algo más "significativo", todos nuestros pequeños impedimentos surgían y nos decíamos: estamos muy ocupados y hay poco de un tiempo precioso para ceremonias y rituales en el mundo de los negocios, de modo que hagamos otra cosa... Eventualmente, lanzábamos el problema escueto a todo el departamento. Una de las primeras ideas fue la que retomamos porque nos parecía correcta. Hicimos una gran caja de cartulina y papel maché, la pintamos, la decoramos y la llenamos con toda clase de recuerdos de la historia del departamento. El día en cuestión marchamos por todo el departamento y salimos a la zona de estacionamiento, en donde dijimos un discurso o dos y luego quemamos todo. Oímos música, tristes y felices, como al comienzo de la película de James Bond en Nueva Orleáns. No fue nada macabro. Por el contrario, fue muy emotivo y, al mismo tiempo, muy, muy divertido. Entonces, tuvimos la fiesta y la gente permaneció toda la noche. Cuando miramos hacia atrás, no fue la simple ceremonia lo que ayudó a la gente a afrontar el cambio. Fue estar juntos para hacer el féretro. Fue como la última pieza del trabajo en equipo y el gran adiós.

Gerente de proyecto; firma de consultoría ambiental y de ingeniería

Voces inteligentes

- *celebración* de temas a la vez particulares y universales, no sólo cualidades atléticas por ejemplo, sino valores humanos trascendentales como competir por la excelencia, ganar, prepararse, invertir en sí mismo, superar los obstáculos, etcétera.

Combine todo esto y podrá apreciar la manera como las celebraciones incluyen todas las facetas de la experiencia humana: física, intelectual, emocional y espiritual.

Si las celebraciones de negocios siguieran justamente estos 12 atributos, podrían emplearse para reconectar a la gente con sus valores y creencias, crear recuerdos importantes y permitir a los individuos sentir que ellos son parte innegable de algo más grande que su propio pequeño trabajo.

¿Por qué no los usa usted de manera cada vez más efectiva durante su programa del cambio?

El Agente del Cambio como maestro de ceremonias y anfitrión principal

Una lista de verificación para su siguiente evento de cambio sería:

- ¿Cuál es el propósito de este evento?

  - ¿resaltar una etapa alcanzada?

  - ¿hacer el reconocimiento de un logro o a una persona?

  - ¿celebrar cl triunfo?

  - ¿resaltar la terminación o la pérdida?

  - ¿reafirmar la continuidad y la sucesión?

  - ¿jugar?

- ¿Cuál es la mejor época para celebrar este evento?

- ¿Qué queremos que la audiencia haga como resultado de este evento?

- ¿Qué emociones estamos tratando de despertar?

- ¿Qué entendimiento estamos tratando de alcanzar?

- ¿Cuál es el concepto o tema significativo que se alinea con nuestro propósito?

- ¿Cómo puede reflejarse este concepto en

  - el sitio?

  - la estructura/orden del evento?

  - la escogencia del ritual?

  - la escogencia de voceros/discurso?

  - la música?

  - la decoración?

  - la invitación y el material de marketing?

  - el tipo de traje?

  - los premios/regalos/accesorios?

  - los recordatorios?

  - la recreación dirigida/maestros de ceremonias invitados: magos, payasos, bailarines, cantantes, chamanes?

- ¿Es nuestro diseño atrayente para los cuatro aspectos humanos? ¿Qué oportunidades habría para

  – movimientos físicos?

  – expresividad emocional?

  – nuevo entendimiento intelectual?

  – experiencia espiritual?

- ¿Cuántas presentaciones tendremos y cuándo (más de dos sería correcto)?

- ¿Cómo planearemos manejar las cinco grandes resistencias antes de que surjan?

  – ¿pareceremos tontos si no hacemos nada más notorio que pararnos en círculo a beber algo?

  – yo no veo el objetivo de reunir gente para algo como esto (aunque tengo un MBA de Harvard y soy muy brillante para dirigir una compañía, en ocasiones soy un poco lento).

  – Demasiado esfuerzo.

  – No tenemos tiempo.

  – Estoy de acuerdo con la intención pero estoy demasiado ocupado para una presentación ¿puedo escaparme en la noche?

Decirle adiós al pasado

A los maestros del cambio inteligente les resulta fácil ser optimistas y constructivos, pero ellos también son sensibles a las terminaciones. Saben que un evento bien puede tener que marcar el final de la antigua manera de hacer las cosas antes de que puedan celebrar la nueva.

A continuación se presentan algunas ideas para hacer un final respetuoso, aunque claro:

• dedique un tiempo y un espacio apropiado; las despedidas complicadas dejan cosas sin decir que causan escozor

• aclarar que este es el *final*

• no denigrar del pasado: es amigo de alguien

"El punto de partida para la transición no es el resultado sino la terminación que usted tendrá que hacer para dejar atrás una vieja situación... El segundo paso es entender lo que viene después de esta partida: la zona neutral. Ésta es la tierra de nadie entre la vieja identidad y la nueva. Es la época en que la forma antigua se ha ido pero la nueva todavía no se siente cómoda... La gente tiene un nuevo comienzo únicamente si ha tenido un final y dedica algo de tiempo a la zona neutral. Aunque la mayor parte de las organizaciones tratan de comenzar antes de haber terminado lo anterior".

Managing Transitions: Making the Most of Change, William Bridges

Citas para citar

- honrar lo que se ha ido como un precursor saludable para el desarrollo presente

- resaltar la terminación con una ceremonia: quizá quemar algo representativo del pasado

- dar a la gente un elemento del pasado para llevarlo consigo como un recuerdo de una buena época: no dar la impresión de que puede irse con nosotros en una forma diferente a este símbolo

- hacer los retoques según Kubler-Ross y emitir un juicio acerca de la distancia de la gente con respecto al camino de la aceptación

Agradecimientos

Gran parte de esta sección sobre celebración se basa en la excelente guía de Terence Deal & M. K. Key sobre celebración de ceremonias empresariales, *Corporate Celebrations: Play, Purpose & Profit at Work*; a ellos, muchas gracias.

Casi un epílogo

En el exterior: más allá de la gerencia del cambio

¿De manera que el futuro incluye el cambio? ¿Cómo cambiaremos la manera en que cambiamos?

Como siempre, la pregunta puede responderse a dos niveles: la organización y el individuo.

El cambio organizacional se moverá cada vez más del ciclo de mejoramiento orientado por las metas (*véase* capítulo 3) hacia el ciclo del aprendizaje continuo (*véase* capítulo 10). El énfasis estará en la precisión y la inmediatez de las "experiencias de aprendizaje" de una organización. Podemos esperar que la Tecnología de Información verdaderamente cumpla su tan anunciada promesa de acercar la compañía a sus clientes, proveedores y la entrada creativa de sus trabajadores del conocimiento. Comprender y explotar la información será el diferenciador competitivo clave; la tecnología, como siempre, simplemente mantendrá el canal. Para maximizar los beneficios de su economía de conocimiento, las organizaciones tendrán que volverse más competentes para crear y sostener relaciones. Los clientes sólo estarán dispuestos a divulgar sus preferencias y deseos si consideran que pueden conseguir algo valioso a cambio; por ejemplo, un servicio al cliente más personalizado y competitivo en precios. Los "empleados" (trabajando dentro de cualquier estructura formal/informal/psicológica/financiera que pueda existir en el futuro) solamente estarán dispuestos a dar su conocimiento y experiencia cuando se sientan motivados y respaldados para hacerlo así. Las organizaciones necesitarán de diferentes mecanismos para ganar lealtad y un sentido de comunidad. También podemos esperar que ellos se sientan más cómodos con los nuevos modelos de cambio orgánico, biológico, autodirigido, basados en lo físico. En este momento, Visa es un comienzo de esto. Allí, los bancos integrantes envían representantes a un sistema de juntas nacionales, regionales e internacionales. Aunque el sistema parece ser jerárquico, la jerarquía de Visa no es una cadena de mando. En cambio, cada junta sirve como un foro para que sus miembros planteen temas comunes, hagan debates sobre ellos y logren consenso y soluciones. Dee Hock, el CEO responsable de crear a Visa de esta manera, basó su inspiración en las células vivas, el cerebro, los sistemas inmunológicos y las colonias de hormigas, lo mismo que en modelos organizacionales y gubernamentales modernos. El truco, sostiene, por un lado está en encontrar el equilibrio correcto que permita al sistema evitar luchas para ganar territorios y recibir un puñal por la espalda, y por el otro en la microgerencia autoritaria. "Ni la competencia ni la cooperación pueden ascender a su más alto potencial a menos que ambos estén mezclados sin uniones", afirma Hock. "Uno sin el otro rápidamente se vuelve peligroso y destructivo".

A nivel individual, el cambio será algo que el individuo elegirá cada vez más como una manera de mantener su capacidad de empleo; el aprendizaje autodirigido en lugar del entrenamiento impuesto por la compañía será la norma. Esperemos a ver un cambio de poder continuado de las compañías que ofrecen trabajos hacia individuos que ofrecen experiencia; de operarios u oficinistas que cumplen órdenes a ejecutivos que tienen *empowerment*. Para sobrevivir y competir en ese mercado, los individuos necesitarán trabajar no sólo con sus capacidades técnicas sino también con su autoestima, autoconciencia, resistencia al cambio, marketing y relaciones públicas. Al mismo tiempo, una compañía de mercenarios será un sitio sin ánimo ni entusiasmo, y sin conductividad para compartir por sinergia el conocimiento del que futuras corporaciones como Visa dependen. De manera que no solamente los más exitosos nuevos profesionales inteligentes serán capaces de demostrar competencia, confianza y creatividad, sino también la sociedad. La capacidad para conectarse con otros –a pesar del lacónico contrato– será un elemento diferenciador clave en el sitio del mercado.

Será un osado nuevo mundo, pero solamente para los osados.

Los cual nos lleva a...

12
Conciencia, alineación, cambio y usted

15 PRECEPTOS PARA EL MAESTRO DEL CAMBIO INTELIGENTE

"Entendí que ya no había certeza en las cosas humanas, y [que] una búsqueda de significado tenía que adelantar nuestras agendas si no nos hubiéramos quedado haraganeando, esperando algún líder mítico que nos dijera a dónde ir y cómo llegar allá".

Charles Handy

En el núcleo de esta obra se encuentra un entendimiento de que el cambio nunca sucede en las organizaciones a menos que la gente cambie. El punto hasta donde ese cambio sea doloroso, largo y lento, costoso y con oposiciones, es el nivel hasta donde los individuos conspiran para crear esa realidad en lo que ellos piensan, dicen y hacen. Es tan simple como eso; no hay otro modo.

Este capítulo resume 15 puntos que le podrían ayudar a recordar acerca de la vida, el cambio y todo este condenado asunto. No hay necesidad de comportarse como la tribu. Y considero que en virtud de su lectura hasta esta página, usted está determinado a no hacerlo de ese modo.

Sin embargo, primero déjeme recordarle los dos mensajes extremadamente simples de esta obra, porque ambos pueden aplicarse a su propia vida y carrera.

El cambio requiere:

Conciencia

- saber qué es lo que usted quiere
- saber en dónde está usted

Alineación

- cambie sus comportamientos, sus sistemas y sus actitudes hasta que estén alineados con lo que usted quiere
- manténgase consciente de lo que está sucediendo a su alrededor, de modo que pueda ajustar continuamente su comportamiento
- trabaje con lo que funciona, aprenda de ello y descarte lo que no sirve.

Todo lo demás es accesorio...

Ahora, los 15 preceptos del cambio:

Precepto 1

Usted debe aprender a manejar la frustración. Si no está frustrado, probablemente su esfuerzo no es suficiente o sus sueños no son muy grandes. Cualquier éxito grande está acompañado por una gran frustración o por una gran frustración manejada correctamente. Cuántas veces nos hemos contado historias como las de Edison (quien, cuando finalmente inventó una bombilla que funcionara después de 100 intentos, le dijo a su audiencia, atónita por su perseverancia, que nunca había fallado sino que simplemente descubrió 99 formas para *no* inventar una bombilla que funcionara) para aceptar que eso es verdad. Este precepto, como muchos otros, se refiere a aprender cómo cambiarnos a nosotros mismos. Nuestro instinto por una vida libre de dolor (frustración) nos conduce a subyugar nuestras ambiciones, a fijarnos metas bajas. Combátalo.

> **Citas para citar**
>
> "Una fórmula de dos pasos para manejar el estrés.
> Paso 1: no se preocupe por las tonterías.
> Paso 2: todo es tonterías".
>
> *Anthony Robbins*

Precepto 2

Usted debe aprender a replantear las cosas que le causan dolor. Los errores, por ejemplo (de los cuales cometerá bastantes a consecuencia del Precepto 1), no son, en esa bella frase, "el nacimiento del arrepentimiento", *a menos que esa sea la manera como usted quiera percibirlos.* Ellos

- permiten que se logre el aprendizaje

- estimulan la espontaneidad al proporcionarle más oportunidades de poner todo en orden (considerando que hacer esto puede resultar aburridor)

- dan voces de advertencia de que usted no está pensando o actuando con suficiente claridad y precisión

- permiten probar su capacidad para asumir la responsabilidad de los resultados de sus acciones.

Replantear no se refiere a un pensamiento positivo sino a darse a sí mismo una nueva vía para avanzar. Cada una de las interpretaciones anteriores o "marcos de referencia" es constructiva y no destructiva. Si usted opta por considerar los errores como una señal de su estupidez, entonces no sólo llegará a un final para usted mismo sino que no se sentirá para nada dispuesto a intentar un nuevo reto.

Precepto 3

Usted debe aprender a manejar la crítica. El cambio amenaza a las personas y con mucha frecuencia, pueden defenderse atacándolo a usted. Si considera que en verdad lo están criticando de una manera que no brinda ninguna utilidad, en lugar de recibir una retroalimentación interesante (que es una manera de estructurar cualquier crítica), entonces existen diversas maneras de responder (tomadas de la interesante obra sobre borrar sentimientos de culpa, *Healing the Shame that Binds You,* de John Bradshaw):

- *Claridad:* "¿Exactamente qué es lo que hago para que usted diga eso?".

- *Enfrentamiento:* "Necesito hacerle saber cómo me hacen sentir sus comentarios".

- *Hacerse el tonto:* "Dígame otra vez...; usted quiso decir...; permítame hacerle otra pregunta...".

- *Confesión:* "Asumo toda la responsabilidad por mis acciones. Esto es lo que yo voy a hacer...".

- *Confirmación:* "Estoy de acuerdo con parte de lo que usted dice; pienso que también poseo estas cualidades...".

- *Consuelo:* "Buen punto; lo he dejado solo. ¿Cómo puedo ayudarle a poner todo en orden?".

- *Confusión:* es una técnica bizarra que sólo he utilizado en mi imaginación, pero tal vez usted sea más osado que yo. *Confusión* se refiere a ser divertido y no a estar a la defensiva; deliberadamente usted dice una palabra o frase irrelevante que los deje perplejos y, en el momento de sorpresa abandona o cambia el tema; por ejemplo, "¡Caray, el tráfico estaba perezoso hoy!".

Precepto 4

Usted debe aprender a manejar la adversidad y el fracaso. Cuando se presenten, recuerde su propósito, su razón para hacer todo y ubique este pequeño retroceso dentro de un contexto más grande. Permítase sentirse mal antes de replantear la situación; cuando las cosas marchan bien, usted no queda sin posibilidad de expresar otros sentimientos, de modo que tampoco debe reprimir su capacidad para experimentar otras emociones menos positivas. Interésese siempre en sus fallas, no para hundirse en autorrecriminaciones sino para lograr un mejor entendimiento de lo que funcionó "mal".

"Cómo vivir en un cambio que no se detiene"

- precise qué es lo que está cambiando en realidad
- decida qué es lo que en verdad sobra para usted y déjelo ir
- distinga entre pérdidas actuales y sus recuerdos de viejas heridas
- identifique sus puntos de continuidad: ¿qué tan sólida es su vida en medio del cambio?
- tómese tiempo para relajarse y renovarse
- mírese de manera creativa, como un proceso y no como un resultado
- experimente un poco cada día
- aprenda.

Adaptado de *Managing Transitions*, de William Bridges

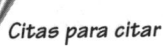

Citas para citar

Precepto 5

Busque siempre mecanismos para aumentar su propia capacidad para desempe-
ñarse como modelo de un rol positivo para los demás.

Precepto 6

Reconozca cuándo es el momento de hacer un cambio. Éstas son dos señales que
debe buscar:

- Es tiempo de hacer un cambio cuando usted está **desconectado**: cuando ya no
se siente comprometido con un propósito o una meta, equipo o proyecto. Es
una locura tolerar una situación cuando ya no hay motivación o inspiración,
cuando usted está procediendo por costumbre, dinero o porque no puede mo-
lestarse por cambiar. Si se siente desconectado, creará un entorno en donde la
voluntad solamente soportará su mentalidad. Los demás se desconectarán de
usted; el trabajo perderá su significado y se encontrará solitario y aislado.
Situaciones como éstas rara vez mejoran con el tiempo. Sálgase rápido.

- Es tiempo de hacer un cambio cuando usted está **desorientado**: cuando nada
parece satisfacerlo, cuando todos los esfuerzos que usted hace para mejorar
únicamente parecen aportar tres problemas más. Cuando se siente confundido con el propósito de un trabajo, una relación o una directriz que usted se fijó
previamente, regresarse sobre asuntos que ya estaban acordados no corresponde con el propósito establecido. Libérese rápido.

Precepto 7

Sea su mejor aliado: apóyese bien para hacer un cambio. Los siguientes son cuatro caminos:

- El cambio prospera cuando hay congruencia entre pensamiento, palabras y acciones. Verifique que sus pensamientos sean positivos y constructivos y que usted habla bien de sí mismo y sus esfuerzos de cambio.

- El cambio prospera en la repetición. Practique el comportamiento o la costumbre del cambio, una y otra vez. Escríbalo en su organizador personal; maneje el cambio como un cronograma de negocios; préstele atención, dedíquele tiempo.

- El cambio prospera en el acondicionamiento interno: fije en su mente una meta motivadora imaginándose que usted mismo ha cambiado. Establezca algo para avanzar a partir de listados de las dificultades y los peligros que se presentarán si no hay un cambio.

- Pida ayuda. Este comportamiento es una señal de fortaleza y no de debilidad.

Precepto 8

Decida qué es lo más importante para su trabajo. ¿Tiene una visión? ¿Lucha por una causa? ¿Qué está haciendo para lograrlo? No, no es algo obvio e incluso, si ahora le parece obvio, probablemente lo olvidará a medida que avance por el camino. Fíjese un propósito, consiga una vida. Recuerde que el dinero es una maravilla necesaria porque le permite hacer mejor otras cosas. Sin embargo, fijarse como propósito tener dinero es un error porque significa que todo lo demás que usted haga lo pondrá detrás del mismo para alcanzarlo. Y en realidad, quizá sólo 5% del dolor que sentirá en su carrera lo podrá superar con el dinero.

Ahora le doy un buen consejo:

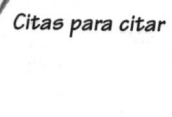

Citas para citar

Dar forma a su carrera con un propósito

Utilice esta fórmula para tomar una buena decisión con respecto a su carrera profesional. Con el paso de los años, he diseñado una fórmula muy simple que toma en cuenta los factores críticos que deben considerarse cuando se va a elegir una carrera: $T + P + E \times V$

T representa el talento y es donde usted deberá comenzar cuando vaya a elegir una carrera o a cambiarla. Sencillamente, las preguntas son: ¿Cuáles son sus debilidades y fortalezas? ¿Cómo puede centrar sus fortalezas y controlar sus debilidades?

La mayoría de la gente no usa sus talentos. No eligieron sus carreras; las carreras los eligieron a ellos. Avanzaron por una línea de trabajo porque tuvieron que conseguir un trabajo, o alguien les dijo que estarían bien en un trabajo. Eran jóvenes y comenzaron a seguir un determinado camino y nunca dejaron de preguntar cuál podría ser su vocación; no sólo su trabajo sino su verdadera vocación. Entonces, antes de que se dieran cuenta, llegaron a la mitad de su vida y se preguntaron: "¿Por qué estoy haciendo esto? ¿Por qué comencé este camino en lugar de seguir mis verdaderos talentos?".

La P significa pasión o propósito. Los talentos se desarrollan mejor dentro del contexto del interés. Aristóteles dijo hace mucho tiempo: "Donde las necesidades del mundo y tus talentos se cruzan, allí yace tu vocación". Pregúntese ¿Cuáles son las necesidades de su organización? ¿Cuáles son las necesidades en el mundo? Luego, ponga sus talentos a funcionar en alguna área de la necesidad en que usted cree. Decida que su trabajo es una oportunidad para hacer algo más significativo que levantarse en la mañana y pasar el tiempo haciendo lo que sea para pagar las cuentas.

La E equivale a entorno. ¿Cómo se ajusta mejor el entorno de trabajo a su estilo, temperamento, valores? A menudo, conozco gente que ha identificado sus talentos y su pasión pero que está trabajando en un entorno que no les permite expresarse. Cuando se trasladan a un ambiente nuevo, en donde utilizan sus talentos y se aprecian sus valores, de repente encuentran

> un alineamiento que funciona. Descubren nueva energía y un nuevo propósito en su trabajo.
>
> La V representa visión: cómo ve usted el resto de su vida. Talento, propósito y entorno son todo lo que se relaciona con estilo de trabajo y opción de trabajo. La visión describe cómo se ajusta el trabajo al resto de su vida. ¿Dónde quiere vivir usted? ¿Cuánto dinero es suficiente? ¿Qué tan importantes son sus relaciones? ¿Qué está haciendo para mantenerse saludable?
>
> Entrevista con Richard Leider, autor de *The Power of Purpose* (Berrett-Koehler, 1997), revista *Fast Company, vol. 13.*

Precepto 9

No desperdicie su tiempo haciendo algo que no esté alineado con su visión o su propósito. Usted no tiene mucho tiempo. Hacer cosas que no estén alineadas malgasta su energía y crea fragmentación y falta de enfoque en sus acciones.

Siempre hay alguien alrededor de una organización que "sólo está allí por dinero". Debido a que "sólo está allí por dinero", todo lo que hace es "estar allí". De modo que permítale perder el tiempo que tiene. La mayor parte de las reuniones, por ejemplo, son una pérdida de tiempo no porque no tengan un propósito sino porque la gente *se comporta* como si las reuniones no tuvieran un propósito. No los reúna.

Precepto 10

Haga algo cada día para mantener girando el ciclo de aprendizaje. ¿Qué preguntas despiertan su curiosidad? ¿Cómo está nutriendo su creatividad? ¿Cómo se está impulsando a tomar riesgos? ¿Está seguro?

Precepto 11

Desafíe el *statu quo*.

Precepto 12

Infrinja las reglas tanto a nivel superficial como de transformación. Andy Law tiene algunas ideas.

Precepto 13

Manténgase a la expectativa para hacer el cambio. Al final de cada mes (o cada semana si su empresa es un sitio particularmente con rápido movimiento), elabore una lista de tres cosas que su organización necesite aprender para funcionar mejor. Sólo elimine aquellas que desde la última vez estaban inequívocamente dirigidas hacia el éxito. Después de seis meses, revise cuánto de la lista ha cambiado.

Realice un ejercicio similar con un cliente amigo y/o un proveedor. Esto no es sólo para mejorar el servicio sino para incluir en una lista los consejos (gratuitos) que ellos le puedan dar para mejorar su compañía.

Precepto 14

Usted existe, podría decirse, como resultado de lo que es en relación con sus perspectivas y las de los demás. Usted es una función de su red de amigos más cercanos, colegas, profesores. Pregúntese: ¿de quién me gustaría conocer perspectivas que abrieran mi mente? ¿Cuál es la naturaleza y la calidad de mis rela-

> "En toda esta charla, ¿dónde está el yo? La respuesta es: en ninguna parte porque el yo no es una cosa sino, como afirmó Jerome Brunner, 'un punto de vista que unifica el flujo de la experiencia en una narrativa coherente'; una narrativa que impulsa a conectarse con otras narrativas y se vuelve más enriquecedora'.
>
> Tomado de *Communities of Commitment*, ensayo de Peter Senge y Fred Kofman en *Learning Organizations*

Citas para citar

ciones? ¿Qué me enseñan ellas? ¿Cuánto me desafían? ¿Cómo podría abrir mi mente –aunque fuera temporalmente– hacia una nueva perspectiva? Si las organizaciones necesitan un "cambio profundo" para cambiar de verdad, ¿qué significa cambio profundo para mí? ¿Cuándo lo he experimentado? ¿Cuándo podría evitarlo?

Precepto 15

Finalmente, recuerde una vez más que las organizaciones no cambian, es la gente quien lo hace. De modo que, de nuevo, este libro presenta un acercamiento hacia el ser humano individual en cambio. ¿Y el consejo?

'Conózcase a sí mismo'

Interésese y observe los factores que podrían hacer de usted un buen agente del cambio. ¿Qué sucede en su interior cuando se ve enfrentado a un cambio significativo: qué emociones experimenta y en qué orden? ¿Cuáles son las señales físicas y de comportamiento? ¿Qué siente en realidad cuando se compromete con una causa? Exactamente, ¿qué lo hace sentir frustrado? Al observar estos cambios en su propia experiencia podrá ser más eficiente para observar y sentir empatía hacia los cambios de los demás. Mire con detenimiento lo que hacen las otras personas cuando pasan a través del cambio. Reflexione. Formule teorías. Lleve un diario, tal vez. (*Véase Diary of a Change Agent,* Tony Page, Gower, 1998).

...o escriba un libro.

"Para lograr grandes cosas, no solamente debemos actuar sino también soñar; no solamente planear sino también creer".

Anatole France

Índice